KULTSTAUBSAUGER  DER MIT DER TROCKENHAUBE

Beate Battenfeld
Herausgegeben von Detlev von Oppeln
Gestaltet von Hermann Michels

Trescher Verlag Berlin

INHALT

VORWORT

Wer erinnert sich nicht gerne an früher, die gute alte Zeit, als alles noch schöner und besser war. Dahinter stehen für jeden von uns ganz persönliche Erinnerungen - an eine glückliche Jugendzeit, Aufwachsen in wohlbehüteter Umgebung. Aus dieser Zeit haben wir Dinge „gerettet", die uns lieb und teuer waren, die erste Puppe, das erste Spielzeugauto ...

Daneben gibt es Dinge im Haushalt von Eltern und Großeltern, die von dort nicht mehr wegzudenken sind: über Generationen vererbtes Porzellan, Möbelstücke, Teppiche und vielleicht sogar noch einen Kobold - den Handstaubsauger, der seit den 30er Jahren zu den beliebtesten Haushaltsgeräten zählt.

Der Kobold ist ein Stück Zeitgeschichte geworden, ein „guter Geist" für Generationen, mit dem viele Erinnerungen verbunden sind. Den älteren Hausfrauen ist er noch aus der Zeit seiner Anfänge in den 30er Jahren bekannt; deren Töchter lernten in den 50er Jahren, der Zeit der wirtschaftlichen Entwicklung und weiterer Technisierung des Haushaltes, die Nachfolgemodelle des Kobold kennen, die ihnen die Hausarbeit in vielen Bereichen erleichterten.

Die Vielfältigkeit des Gerätes in Verbindung mit der Besonderheit des Direktvertriebes haben den Vorwerk-Kobold zu einem Kultobjekt gemacht. Er steht seit über 65 Jahren als Synonym für die Firma Vorwerk & Co. und ihre Produkte. Deshalb war es uns ein Vergnügen, die beim Trescher-Verlag geborene Idee, dem Kobold ein Denkmal zu setzen, mit der Zusammenstellung von Bild- und Textmaterial zu unterstützen.

Manfred Piwinger

Zu meinen frühesten Kindheits-
erinnerungen gehört das Bild unserer
Haushaltshilfe, Eleonore Frech, die in
meinem Kinderzimmer mit einem
merkwürdigen Gerät, den Fußboden
behandelte. Mit kreisförmigen Bewe-
gungen sauste eine „heulende"
grün-weiße Apparatur über den Lino-
leumbelag, „zum Bohnern", wie mir
später erklärt wurde.

ERINNERUNGEN AN EINEN KOBOLD

Frau Frech verwendete den Kobold
nicht nur zur Pflege der Böden, auch
die Teppichläufer wurden unter
Zuhilfenahme der Elektroteppichbürste
vom Schmutz befreit. Zum Staubent-
fernen in Ecken, auf Stühlen und
sogar auf den Gardinen steckte sie
eine lange „Schlange" vor's Gerät. Ein
„schwertfischartiger" Aufsatz wurde
zum Reinigen der Heizkörper verwendet. Als ich einmal krank war und
Atembeschwerden hatte, diente
der Kobold mit einem aufgesetzten
Wassertank als Luftbefeuchter.

Daß mich der Kobold begeisterte, lag
auf der Hand. Besonderes Vergnügen
bereitete es mir, wenn Frau Frech den
Staubsauger nicht vorschriftsmäßig
bediente und der Staubsack mit
lautem Getöse durch das Zimmer flog.
Sie floh anschließend ins Badezimmer,
um ihre Dauerwellenfrisur wieder in
Ordnung zu bringen. Auch dabei half
der Kobold. Nach dem Haarewaschen
zog sie eine Trockenhaube auf
und verband diese mit dem warme
Luft spendenden Kobold.

Der Kobold brachte mich auf diese
Weise immer wieder zum Staunen.
Später wurde er mein liebstes
Spielzeug. Andere Kinder spielten mit
Puppen und Bauklötzchen. Ich
verlangte den Kobold und gab keine
Ruhe, bis er mir mit zahlreichen
Zubehörteilen zum Aufstecken oder
Abmontieren in den Krabbelstall
gereicht wurde.

Untrennbar mit der Firma Vorwerk
verbunden sind ihre Fachberater. Sie
sorgten für Stimmung in unserem
Haushalt, indem sie uns mit der
Vorführung neuester Zubehör-Teile an
verregneten Vormittagen bei Laune
hielten und nebenbei meiner Mutter
gerngehörte Komplimente machten.
Als jetzt nach langer Zeit wieder zwei
Fachberater vor der Wohnungstür
standen, fühlte ich mich schlagartig in
meine Kindheit zurückversetzt und
wollte meine Mutter rufen. Dieses
Erlebnis weckte meine Erinnerung an
den Vorwerk-Kobold und festigte den
Gedanken, dieses technische Wunder-
werk in Bildern aufleben lassen. So
entstand die Idee zu dem vorliegenden
Buch, die von Manfred Piwinger,
Ressortleiter Öffentlichkeitsarbeit der
Firma Vorwerk & Co. in Wuppertal, mit
Begeisterung aufgenommen wurde.
Das Durchforsten der Firmenarchive
förderte eine Fülle an Material aus sie-
ben Jahrzehnten Kobold-Geschichte
zutage, mit der niemand gerechnet
hatte.

Meine Familie und mich begleitete der
Kobold durch die Wirtschaftswunder-
jahre. Die technische Entwicklung des
Gerätes und die Erweiterung seiner
Nutzungsmöglichkeiten war ein
Symbol der sich wandelnden Gesell-
schaft. Es beantwortete Ansprüche und
Anforderungen der jeweiligen Zeit.
Heute leben wir in einer Zeit, die in
der Erinnerung an frühere Epochen
ihre Orientierung sucht. Wir erkennen
den Wert alter Dinge, wir schätzen
Qualität, Haltbarkeit und ein gelunge-
nes Design. Alles das, was den Kobold
seit fast siebzig Jahren auszeichnet.

Das vorliegende Buch versucht, die
individuellen Erinnerungen an diese
Haushaltshilfe wieder aufleben zu lassen und einem Gerät Anerkennung
zu zollen, das tatsächlich ein Kobold
war und ist.

Detlev von Oppeln

AM ANFANG WAR DER STAUB

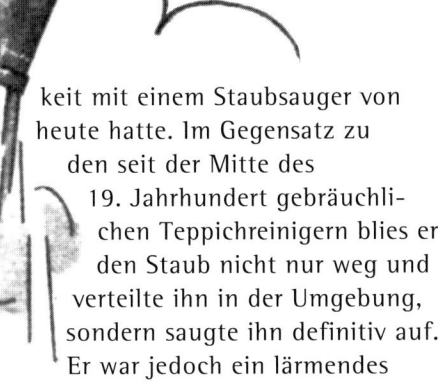

Der Siegeszug der Sauberkeit im 20. Jahrhundert ist beeindruckend. Mit frischer Wäsche und blinkenden Fußböden ist ein Stück gesellschaftlicher Entwicklung verbunden: Weniger Arbeit beim Waschen und Reinigen der Wohnung war auch vor allem für die Frauen ein sozialer Fortschritt. Jüngeren Menschen, für die Haushaltsgeräte ganz selbstverständliche Haushaltshilfen sind, ist dies kaum bewußt. Heute ist der Staubsauger ein Begriff, ohne den wir uns die tägliche Hausarbeit und ein sauberes Zuhause nicht mehr vorstellen können. Zu Zeiten, in denen längst schon Fabriken mit vieltausendpferdigen Maschinen zur Arbeitserleichterung der arbeitenden Männer entstanden waren, verfügte die Frau im Haushalt immer noch lediglich über zwei Arme, um alle Arbeit zu bewältigen. Der technische Fortschritt und der Aufbau von Energieversorgungsnetzen ermöglichte schließlich auch die Umgestaltung der schweren Hausarbeit. Ungefähr ab 1860 hatten die Haushalte in den Großstädten Gas, ab 1885 gab es fließendes Wasser und seit der Jahrhundertwende elektrischen Strom.

Den Eintritt in das Haus verschaffte sich die Elektrizität durch die Installation der Lichtleitungen. Die begrenzte Nutzung als Lichtquelle in der Nacht war technisch jedoch unbefriedigend. Um die Belastung zu erhöhen, propagierten die Elektrizitätsunternehmen neue Arten des Stromverbrauchs im Haushalt.

Nachdem die Hausfrau den Strom für beliebig viele Maschinen aus der Steckdose entnehmen konnte, war die Bahn frei für eine große Zahl von Geräten, die ihr endlich die schwere Arbeit abnahmen. Erste motorisierte Haushaltsmaschinen wurden in den Vereinigten Staaten entwickelt. Nach dem Ersten Weltkrieg erreichte die Modernisierung der Haushalte auch Europa, wo durch das Verschwinden des Dienstbotenstandes und durch den Eintritt der Frauen in die Berufswelt eine Umgestaltung der Hausarbeit nötig wurde. Die Elektrizität feierte Triumphe - und von allen Elektrogeräten gewann der Staubsauger am raschesten an Bedeutung.

Zu Beginn des 20. Jahrhunderts hatte Cecil Booth den Urahn aller Staubsauger erfunden, den Vakuum-Reiniger, der allerdings wenig Ähnlichkeit mit einem Staubsauger von heute hatte. Im Gegensatz zu den seit der Mitte des 19. Jahrhundert gebräuchlichen Teppichreinigern blies er den Staub nicht nur weg und verteilte ihn in der Umgebung, sondern saugte ihn definitiv auf. Er war jedoch ein lärmendes Monstrum, das nicht einmal in die Wohnung paßte. Montiert auf einem Pferdefuhrwerk, rollte die Maschine auf der Straße bis vor das Haus, in dem gesaugt werden sollte. Die Arbeit des Entstaubens war zu dieser Zeit reine Männersache. Mit einem aufsehenerregenden Spektakel legten sie Schläuche vom Fuhrwerk in die zu reinigenden Wohnungen. Solchen kommerziell angebotenen Frühjahrsputz konnten sich nur sehr reiche Leute leisten.

Den ersten handlichen Staubsauger stellte ab 1907 die Firma Hoover nach dem Patent des Deutsch-Amerikaners John Spangler her, der einen selbstgebastelten Entstaubungsapparat bis zur Fabrikationsreife verbessert hatte - jedoch nicht, ohne Hoover vor diesem neuen Staubsauger zu warnen.

Der Kampf gegen den Staub ist seit jeher ein mühsames Unterfangen; trotz eifrigem Hausfrauenfleiß kann man seiner einfach nicht Herr werden. Kaum hat man ihn beseitigt, legt sich schon wieder eine zarte Schicht auf den Boden, über Tische und Stühle, Bücherregale und Bilder.

„Das früher übliche trockene Kehren und Abwischen mit Tuch und Wedel, oft nur eine Form des Platzwechsels für den Staub, der in steter Anhänglichkeit nach dem Ausbeuteln des Staubtuches vom offenen Fenster alsbald ins Zimmer wieder zurückkehrte, ist durch Aufwischen mit geeigneten Flüssig-

keiten, die den Staub gut binden, ersetzt. Die allerbeste Form der Entstaubung ist die durch den elektrischen Staubsauger, der bereits in vielen Wohnungen verwendet wird und eine tadellose und gesundheitlich einwandfreie Reinigung verbürgt."

(Kobold-Nachrichten, 1937)

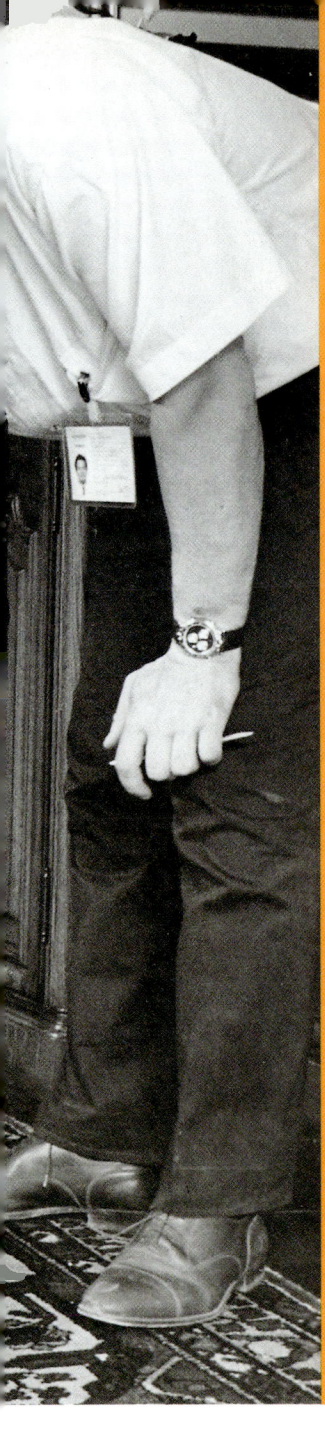

Das tragische Geschick eines Erfinders, der ein „kleiner Mann" bleiben wollte:

„Ich warne Sie vor dem Staubsauger!"

Aus Amerika kommt die Nachricht, daß auf dem Grabe des Erfinders des Staubsaugers, John Spangler — der schon mit 40 Jahren starb! — ein Denkmal errichtet worden sei. Damit wird die Welt wieder an einen erfolgreichen Erfinder der Neuzeit erinnert — was aber weiß sie von ihm? — Nichts! — Und darum sei hier die Geschichte seiner aus einem modernen Haushalt nicht mehr wegzudenkenden Erfindung und seines tragischen Geschickes erzählt:

Als sich der Pförtner John Spangler, ein bleicher, untersetzter Mann von 37 Jahren, in einem Lagerraum des Newyorker Kaufhauses Fredman zu schaffen macht, schüttelt ihn wieder, wie schon so oft in letzter Zeit, ein heftiger Hustenanfall; erschöpft, rot im Gesicht, lehnt er sich an die Wand und ringt nach Atem. Eine junge Verkäuferin, die gerade vorüberkommt, fragt Spangler mitleidig, ob sie ihm Bonbons bringen solle oder etwas Trinkbares; warum er denn nicht zum Arzt gehe? „Danke", wehrt der Pförtner müde ab, „mir nützen keine Bonbons und keine Aerzte mehr, das sitzt hier" — er zeigt mit der Hand auf die Brust — und geht nicht mehr weg." „Ja, aber warum denn nicht?" fragt das Mädchen, „Sie müssen sich einmal richtig auskurieren lassen." John Spangler lächelt traurig: „Geben Sie sich keine Mühe, kleines Fräulein, in meiner Lunge sitzt der" — er stockt einen Augenblick — „der Tod. Mein Vater ist mit 42 Jahren an der Schwindsucht gestorben, er hat mir ein furchtbares Erbe hinterlassen. Und dann der Staub! Sehen Sie nur, wieviel Staub es hier gibt!" Er nimmt einen Stoß Aktendeckel von einem Regal, eine kleine Wolke wirbelt auf. „Der Staub läßt sich nicht vertreiben! Er macht mich ganz krank, noch kränker, als ich schon bin."

„Können Sie denn Ihre Stellung nicht wechseln, Herr Spangler, sich einen Posten suchen, der nicht Ihre Gesundheit angreift?"

Der Pförtner schüttelt den Kopf: „Lassen Sie nur, Fräulein. Ob ich hier sterbe oder an einem anderen Arbeitsplatz . . . Was tut das schon? Bei Euch fühle ich mich wohl — wenn nur der Staub nicht wäre, der Staub . . ." —

Wenn John Spangler, der in der Woche 15 Dollar verdient, seinen Arbeitsplatz verlassen kann, verbringt er die Feierabendstunden mit seiner Lieblingsbeschäftigung: er bastelt. Augenblicklich arbeitet er an einem seltsamen Apparat, einem mechanischen Reiniger. Er baut in den Reiniger den Motor eines jener Musikautomaten ein, die bei Einwurf eines Geldstücks eine Weise spielen und zu Lebzeiten Spanglers sich in Amerika großer Beliebtheit erfreuten. Der Pförtner hat nicht etwa Absicht, den Apparat der Oeffentlichkeit vorzuführen . . . kein Gedanke! Er hat ihn nur für sich zur Reinigung seines kleinen Raumes hergestellt, nebenbei säubert er allerdings auch die Lagerräume von dem Staub, dem nun im Kaufhaus der Kampf angesagt wird.

Eines Tages macht ein Lederfabrikant im Kaufhaus seinen Geschäftsbesuch, er sieht Spangler bei seiner ungewöhnlichen Tätigkeit, läßt sich von ihm die Zusammenstellung des Apparates erklären. „Mann", ruft er, „wissen Sie auch, daß Sie eine großartige Erfindung gemacht haben? Daß Besen und Bürste in der Welt überflüssig werden, wenn Sie Ihre Erfindung vervollkommnen und auswerten? Ich gebe Ihnen einen leichten Posten, verbessern Sie Ihre Schöpfung bis zur Fabrikationsfähigkeit."

Der Pförtner kann das alles noch gar nicht fassen. „Ich halte gar nichts von der Sache! Wer weiß, wie lange ich ihn benutzen kann!" Aber der Lederfabrikant wäre kein geschäftstüchtiger Amerikaner, wenn er nicht doch darüber spräche. Er läßt jeden Tag den hartnäckigen Pförtner an das Telephon rufen, um ihm zuzureden, endlich zu ihm zu kommen. Schließlich gibt Spangler seinen Widerstand auf, arbeitet an der Vervollkommnung des Apparates, warnt aber vor dem Plan, eine Staubsaugerfabrik zu eröffnen. Der Erfinder warnt vor seiner Erfindung! Doch der Fabrikant sieht schärfer als Spangler, er ahnt, daß dem Staubsauger im modernen Haushalt die Zukunft gehört und bietet dem Erfinder die Teilhaberschaft in seinem neuen Unternehmen an. Doch dieser lehnt ab: „Ich will nichts davon hören! Wenn Sie unbedingt fabrizieren wollen, gut, ich kann Sie nicht hindern, obwohl ich Ihnen abgeraten habe. Aber Gewinnbeteiligung? Niemals! Wenn Sie mir eine kleine Rente aussetzen wollen, so habe ich nichts dagegen! Mehr will ich nicht!"

Der Fabrikant ist soviel falscher Bescheidenheit noch nicht begegnet. „Ich begreife Sie nicht, Spangler." Er sichert ihm vertraglich eine monatliche Rente von 200 Dollar zu, schließt seine Lederfabrik und stellt seinen gesamten Betrieb auf die Erzeugung von Staubsaugern um — und wird binnen weniger Jahre sechsfacher Dollar-Millionär.

Der große Erfinder, der ein kleiner bescheidener Mann blieb, erlebt nicht mehr den Siegeszug seiner Schöpfung. Kurz vor seinem 40. Geburtstag wirft ihn ein Blutsturz auf das Totenbett. Als der Mann, den der Kaufhauspförtner von New York zu einem der erfolgreichsten Unternehmer unseres Jahrhunderts machte, dem Sterbenden dankbar die erkaltete Hand drückt, formen seine bleichen Lippen die letzten Worte seines Lebens: „Staub — — — Staub."

Ein tragisches Erfinderschicksal, nur ganz wenigen bekannt, hat sich vollendet.

(Quelle unbekannt)

Die Entlastung der Hausfrau von der schweren Arbeit begann zweifellos mit der Einführung des Staubsaugers. Seine tägliche Benutzung sparte so augenfällig Kraft und Zeit der Hausfrau, daß mit seinem Kauf meist der erste Schritt zum elektrifizierten Haushalt getan wurde. In vielen Häusern richteten die Elektrizitätswerke Steckdosen überhaupt erst für den Anschluß eines Staubsaugers ein.

Bald nach dem Ersten Weltkrieg setzte in Deutschland - von Amerika kommend - die Staubsaugerfabrikation ein. In den 20er Jahren wurde das Staubsaugergeschäft immer größer und größer. Namhafte Firmen stiegen zu dieser Zeit hier ein. Für den perfekten Haushalt wurden den Kunden Multi-Funktions-Staubsauger offeriert, die jedoch noch ziemlich voluminös waren. Mit der beginnenden Weltwirtschaftskrise trat 1930 der erste scharfe Rückschlag für das Staubsaugergeschäft ein.

Mitten in dieser Krise eröffnete der Vorwerk-Kobold mit seinem revolutionären Konzept des tragbaren Kleingerätes die Ära des praktischen Handstaubsaugers in Serienfertigung.

Auch er versprach der Hausfrau die Erleichterung ihrer Hausarbeit durch seine vielseitige Verwendbarkeit. Er war etwas Neues, etwas Interessantes, das jeder haben wollte, weil es „in" war, einen Staubsauger - und gar noch so ein vielseitiges Wunderding - zu haben. Der Name Kobold war bald in aller Munde. Bereits 1934 war er dank seiner Dienstleistung und seiner vielfachen Verwendungsmöglichkeiten zu einem Stück Kulturgut geworden, ohne das man sich einen Haushalt nicht mehr denken konnte.

EINE FIRMA UND IHR PRODUKT

...MAL SEHEN, OB UNSER MOTOR AUCH SO EINEN STAUBSAUGER ANTREIBEN KANN, – DAS IST MEINE IDEE!

AHA, – HERR DIREKTOR GORISSEN, – ES IST WIEDER MAL EINE GUTE „VORWERK"-IDEE!!

DIREKTOR Engelbert Gorissen

Das 1883 als Barmer Teppichfabrik Vorwerk & Co. durch die Brüder Carl und Adolf Vorwerk gegründete Textil-Unternehmen hatte zum Bau eigener Webstühle eine Maschinenfabrik errichtet. Durch Übernahme anderer Firmen erweitert, war die Firma Vorwerk & Co. bereits um die Jahrhundertwende ein bekanntes Unternehmen.

Unter der Leitung von Geheimrat August Mittelsten Scheid, Schwiegersohn von Carl Vorwerk, reifte die Firma Vorwerk & Co. in den 20er Jahren zu einem Unternehmen von stattlichen Ausmaßen. Das Produktionsspektrum der Maschinenfabrik reichte zu dieser Zeit von Auto-Achsen und Getrieben bis zu Grammophon-Laufwerken. Das Aufkommen der Radiogeräte im Jahre 1926 versetzte dem Geschäft mit den Laufwerken einen schweren Stoß. Auch die Umstellung auf Elektro-Antrieb (statt Handkurbel) konnte den Absatz-Rückgang nicht aufhalten. Der kleine Elektromotor hatte jedoch ein neues Element in die Fertigung gebracht: durch die Beschäftigung mit der Elektrizität trat Vorwerk in die Elektroindustrie ein.

In den Jahren nach dem Ersten Weltkrieg waren die Teppich-Fachleute der Firma Vorwerk immer wieder um Gutachten über die neu entwickelten Staubsauger gebeten worden. Sie erkannten, daß es mit den ersten Konstruktionen fast unmöglich war, den Teppich so zu reinigen und zu pflegen, wie es jeder Teppich-Fachmann empfiehlt: „mit dem Strich", d.h. in der Richtung der Lage der den Teppich bildenden Wollfäden.

Als das Grammophon-Geschäft im Jahre 1929 ganz zum Erliegen kam, mußte Vorwerk nach einem neuen Artikel suchen, um die eigene Maschinenfabrik voll ausnutzen zu können. Not macht ja bekanntlich erfinderisch! Der „technische Kopf" von Vorwerk & Co., Ingenieur Engelbert Gorissen, hatte einen genialen Einfall. Er konstruierte um den Motor des Grammophon-Laufwerkes ein Gehäuse mit Saug- und Blasstutzen, steckte auf die Achse ein Gebläserad und machte ihn damit zum Herzen eines kleinen, handlichen und vielseitigen Staubsaugers. Etwas völlig Neues: ohne sperriges Gehäuse, reduziert auf Motor, Staubbeutel, Stiel, und trotzdem leistungsstark. Hierdurch war es möglich, den Staubsauger zu einem Preis auf den Markt zu bringen, der es breiten Käuferschichten gestattete, sich solch einen kleinen „Kobold" zum Gehilfen zu nehmen.

Die Erfindung eines elektrisch betriebenen Handstaubsaugers wurde Vorwerk & Co. am 25. Mai 1930 im Deutschen Reich patentiert. Die Geburtsstunde des Kobolds hatte geschlagen. Vorher hatte es kaum Vergleichbares gegeben. Allerdings kam er zu einer Zeit, in der Millionen Menschen ihre Arbeit und Millionen Reichsmark von einem Tag auf den anderen ihren Wert verloren. Deutschland litt zu dieser Zeit unter der Weltwirtschaftskrise. Doch trotz Massenarbeitslosigkeit und Kaufkraftschwund startete der Kobold eine erfolgreiche Karriere als Haushaltshelfer. Und das, obwohl er erst Jahre später die Vielseitigkeit bekam, die ihm seine einmalige Stellung auf dem deutschen Markt eroberte.

Der Erfolg des Kobold begann jedoch mit einem Mißerfolg - zunächst fristete er ein Dasein als Ladenhüter! Das Gerät wurde von Vorwerk in Fachgeschäften angeboten; der Absatz blieb aber unbefriedigend, obwohl er mit 56 Reichsmark einschließlich Verkaufsprovision recht preiswert war. Bloß durch die Ausstellung im Schaufenster konnte niemand die Vorteile und den Nutzen des Gerätes erkennen. Zur damaligen Zeit hatte ein Staubsauger allein durch seine Ausmaße Saugkraft zu demonstrieren. Dem kleinen Kobold traute der Kunde seine Leistung einfach nicht zu.

Erst durch den Aufbau der 1930 gegründeten Vorwerk-Vertriebsorganisation für den Verkauf direkt an den Endverbraucher in dessen Wohnung begann der Siegeszug des kleinen Gerätes. Alle Hausfrauen sollten sehen und erleben, was ihnen das neue Gerät bot, um überzeugt von seiner Leistung in seinen Besitz zu gelangen.
Der Kobold wurde bereits in den 30er Jahren zum hilfreichen Hausgeist vieler Hausfrauen.

Während der Kriegsjahre ruhte bei Vorwerk die Haushaltsgeräte-Produktion. Bereits 1945 wurden aus restlichen Materialbeständen wieder Kobold-Staubsauger gefertigt und die

ersten Außenbüros geöffnet. Nach 1948 konnte man an die Erfolge der Vorkriegszeit anknüpfen, und der Kobold nahm bald wieder seine Stellung als bekanntes Vorwerk-Produkt ein. Im Laufe der Jahre erweiterte die Firma Vorwerk & Co. ihre Tätigkeiten auf neue Geschäftsfelder; das Elektrogeräte-Programm wurde ab 1955 systematisch erweitert und den Erfordernissen des Marktes laufend angepaßt.

Der Staubsauger sollte der Hausfrau die mühevolle Hausarbeit abnehmen und ihr viele Handgriffe ersparen. Zuvor waren allerdings tausende von Handgriffen notwendig, um dieses Universalgerät herzustellen. Es war ein langer Weg vom Blech, vom Kupferdraht, dem Preßstoff und vielem anderen Rohmaterial bis zu einem betriebsbereiten Vorwerk-Kobold.

Nähen der Staubbeutel, 50er Jahre

Der Ur-Kobold - Modell 30

Aus einzeln hergestellten Gehäusetei-
len und dem Motor entstand ein
Staubsauger. Während die Gehäuse der
älteren Kobold-Modelle 30, 33 und
34 aus Aluminium gefertigt waren,
wurden die Modelle 32, T und S
aus Duroplast gepreßt; seit dem Jahre
1953 wurden die Staubsauger-Gehäuse
aus bruchsicherem Thermoplast
gespritzt.

„Herzstück" eines jeden Kobold ist der
Motor. Das Motorkonzept für alle
Handstaubsauger von Vorwerk funk-
tionierte 66 Jahre lang nach dem
Prinzip des ersten Kobold. In all' den
Jahren wurde er ständig weiterent-
wickelt und ergänzt. Erst mit dem
neuesten Gerät, dem Kobold 130, erhielt der Motor aus dem Jahre 1952
einen Nachfolger: Nur ein Kilo schwer,
schafft der „Neue" mit 36.000
Umdrehungen pro Minute doppelt so
viele wie sein Vorgänger.

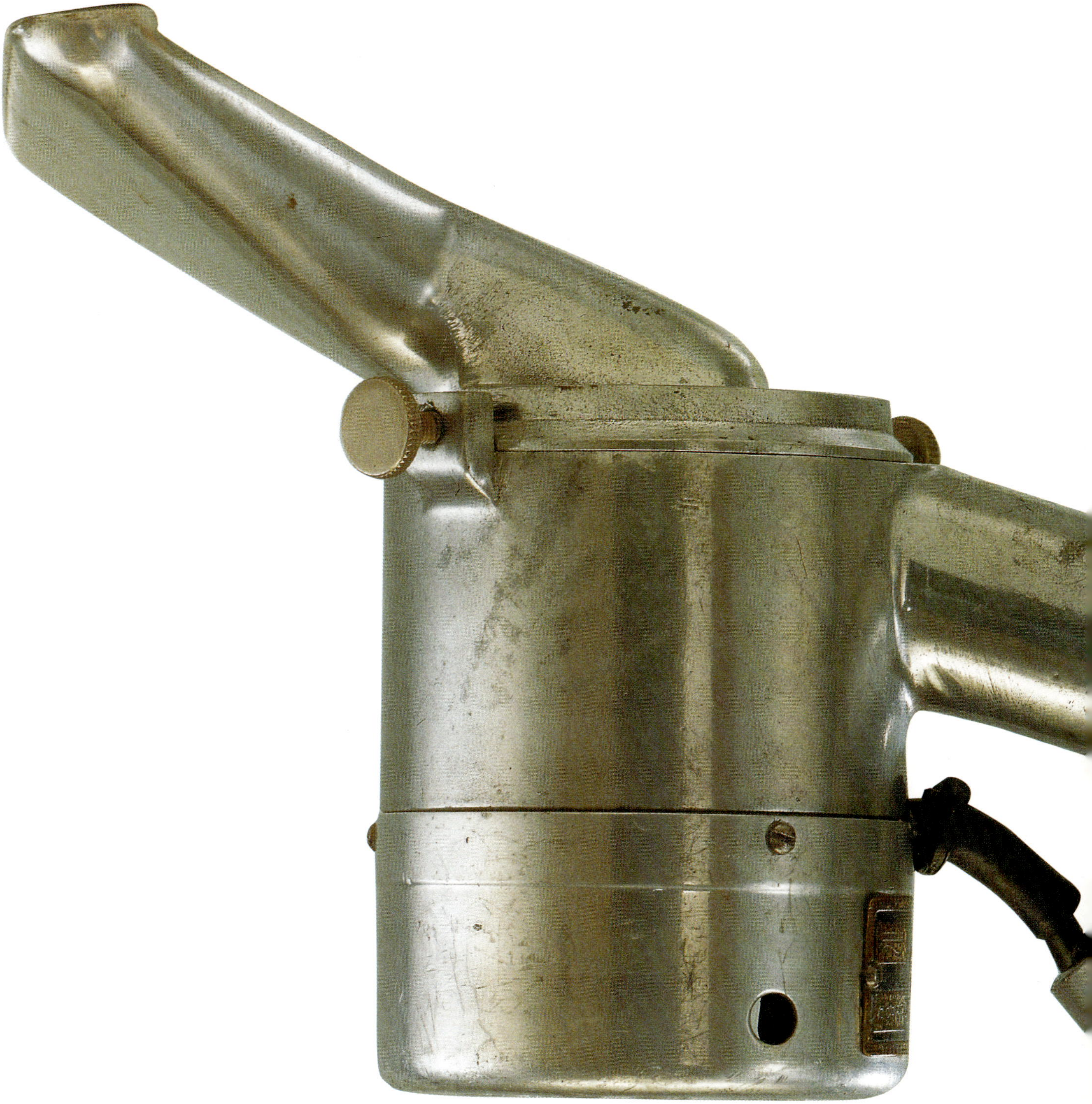

Das Kobold-Lied!

Der Rundfunk ruft's in alle Welt:
„Der Kobold kommt jetzt anmarschiert,
Der Kobold allen Frau'n gefällt,
Die ihn haben ausprobiert!
Drum seh'n Sie sich den Kobold an,
Was dieses Wunder schaffen kann!"
:,: Was kann der Kobold denn dafür,
Daß er so schön ist?
Was kann der Kobold denn dafür,
Daß man ihn liebt?
Daß er so praktisch, billig und auch so
bequem ist?
Was kann der Kobold, ja der Kobold
denn dafür?
Er säubert, reinigt ja im Nu die ganze
Wohnung,
Er ist der Hausfrau'n bester Kamerad.
Behandeln tut er alles mit der größten
Schonung.
Drum schaff' den Kobold an sich,
Wer noch keinen hat! :,:

Frau Müller zu Frau Schulze spricht:
„Wie bin ich glücklich heut'!
Den Kobold kauf' ich, ein Gedicht,
Das hab' ich nie bereut!
Drum wenn Sie klug sind und gescheit,
Dann kaufen Sie den Kobold heut."
:,: Was kann der Kobold usw. :,:

Woher wir komm'n, war man entzückt,
Weil Wunder wir vollbracht!
Die Hausfrau'n haben wir beglückt,
Ihr Herze hat gelacht!
Drum machen Sie 's genau doch so,
Der Kobold macht uns alle froh!
:,: Was kann der Kobold usw. :,:

(von Vertretern der Verkaufsstelle
Erfurt 1934 komponiert und gesungen)

VORWERK - KOBOLD

„Du weißt gar nicht, welcher Vorteil Dir entgeht, so lange Du noch keinen elektrischen Hausreiniger hast. Ich kann mir kaum noch vorstellen, wie ich ohne ihn auskam. Sogar von den Büchern und unter den Schränken hole ich den Staub mit dem Kobold fort. Ich habe das Gefühl, alles ist sauberer als früher und meine Wohnung ist gesünder. Man braucht nur einmal den Beutel des Kobold selber auszuschütteln, dann graut einem davor, was an Schmutz in die Zimmer eindringt. Mit Bürste und Klopfer kannst Du diese Berge von Staub und Bazillen nicht fortbekommen. Ich kann Dir nur raten, kauf Dir einen Kobold."

„Ich werd' mir wohl auch einen kaufen. Nur sag mal, ist der Stromverbrauch nicht teuer?"

„Ach wo, das sind ganz wenige Pfennige für die Stunde. Die sparst Du schnell an Arbeitslohn. Und selbst wenn das nicht wäre, sollte Dir die Gesundheit diese paar Pfennige wert sein. Auch Zeit gewinnst Du, kannst dann spazieren gehen und Dich erholen."

VORWERK-
KOBOLD
D.R.P.
Ausl. Pat.
MODELL 34.
Volt 220 Autm. 90 Watt
Nr. 254879 K

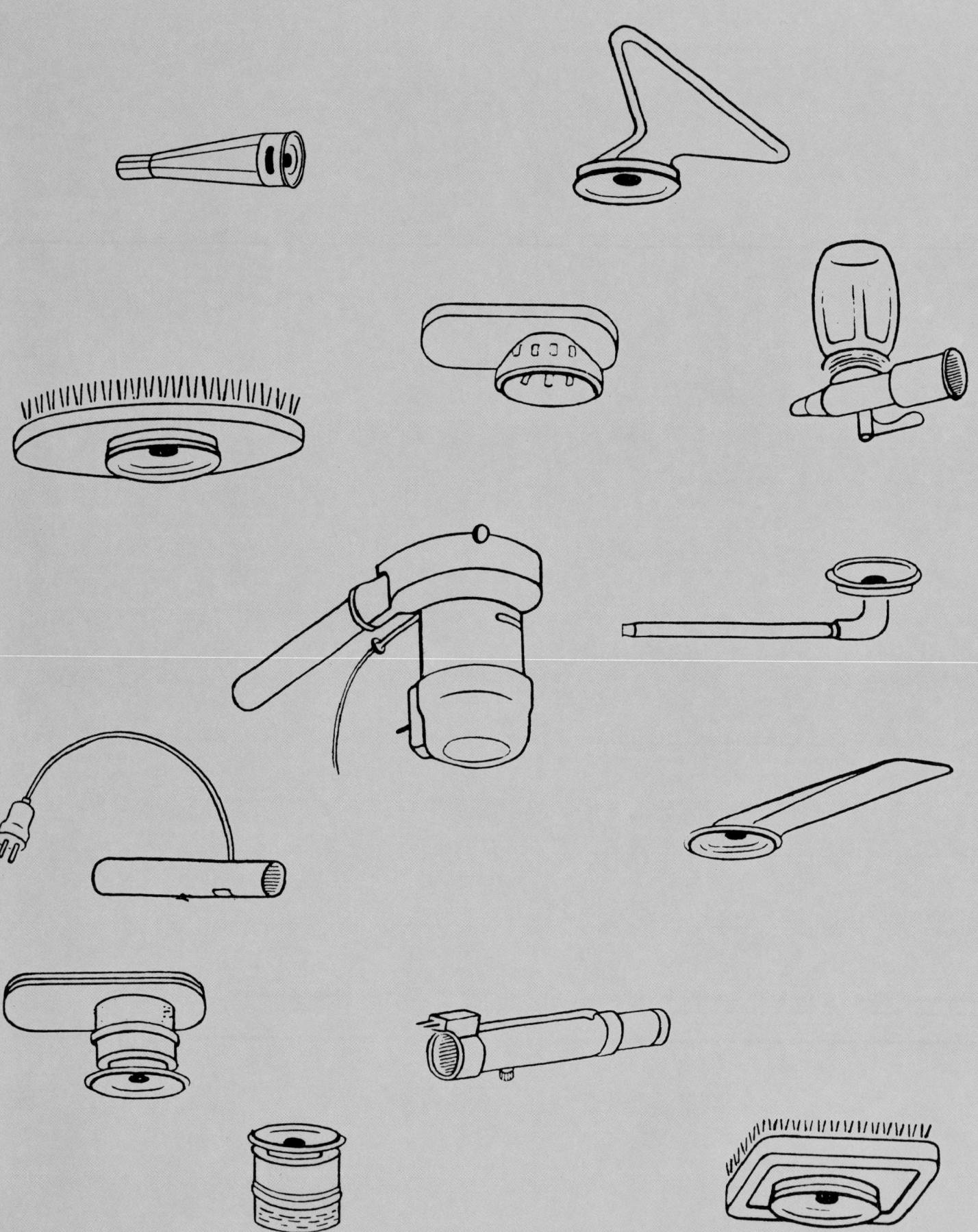

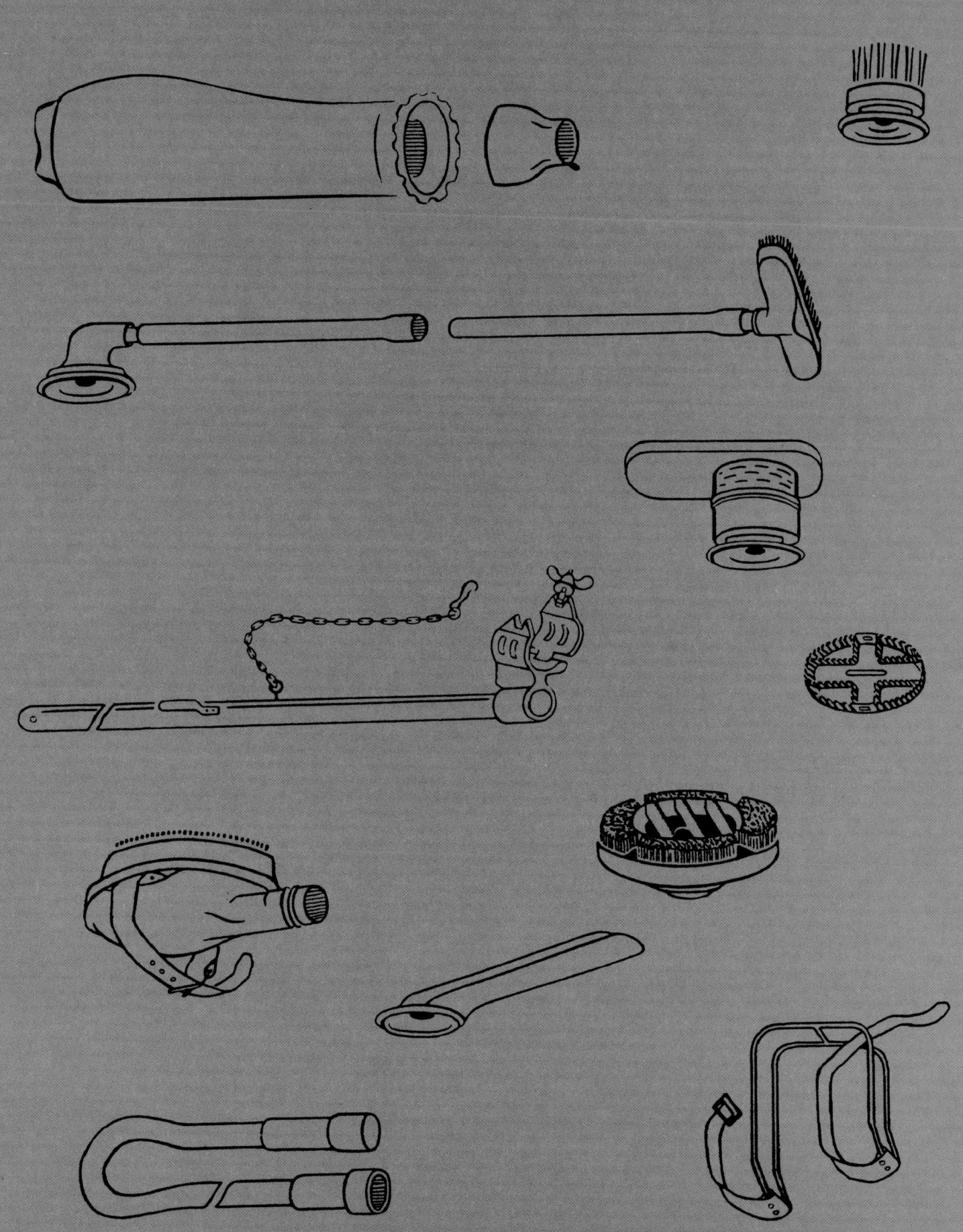

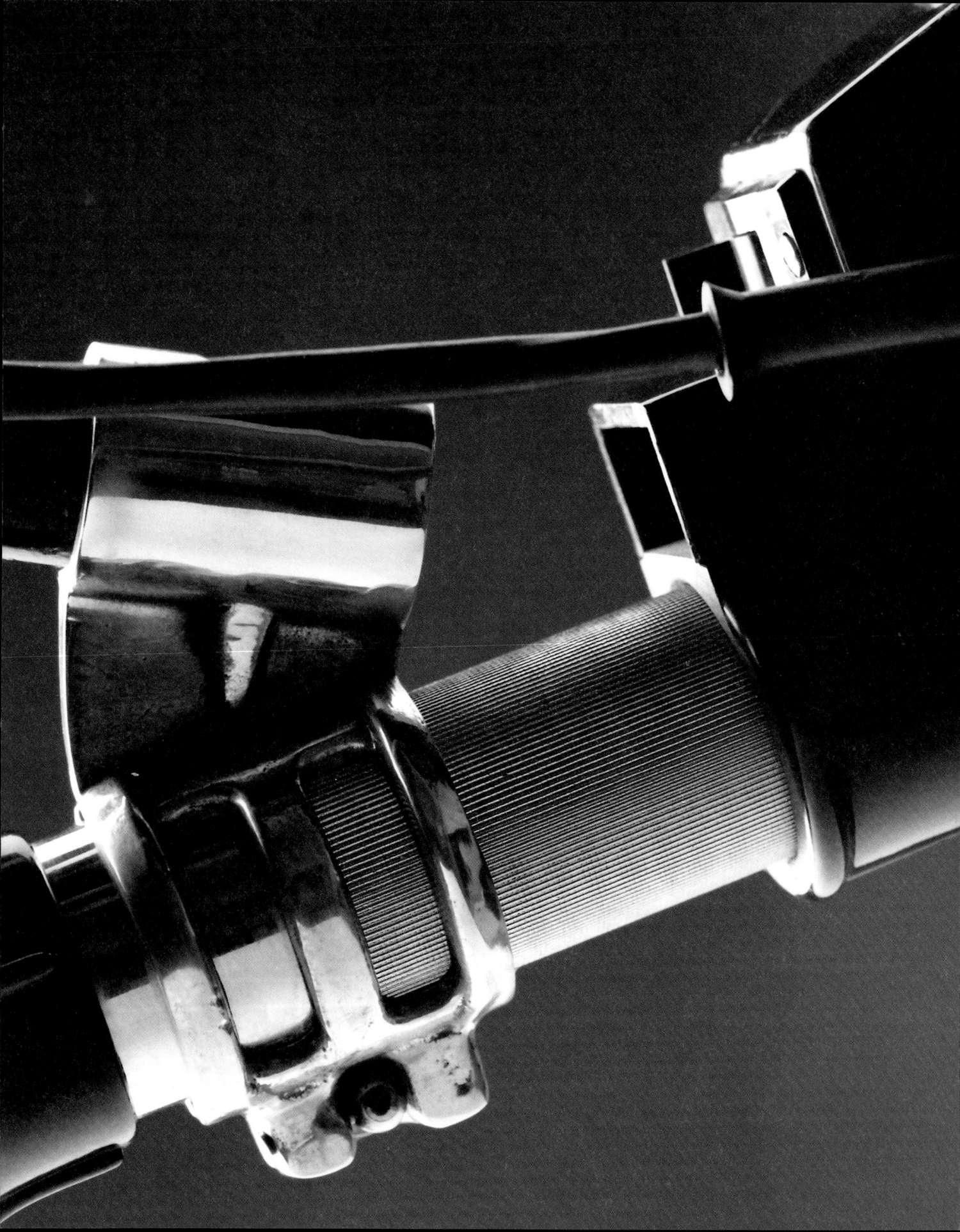

Montage des Motorkopfes

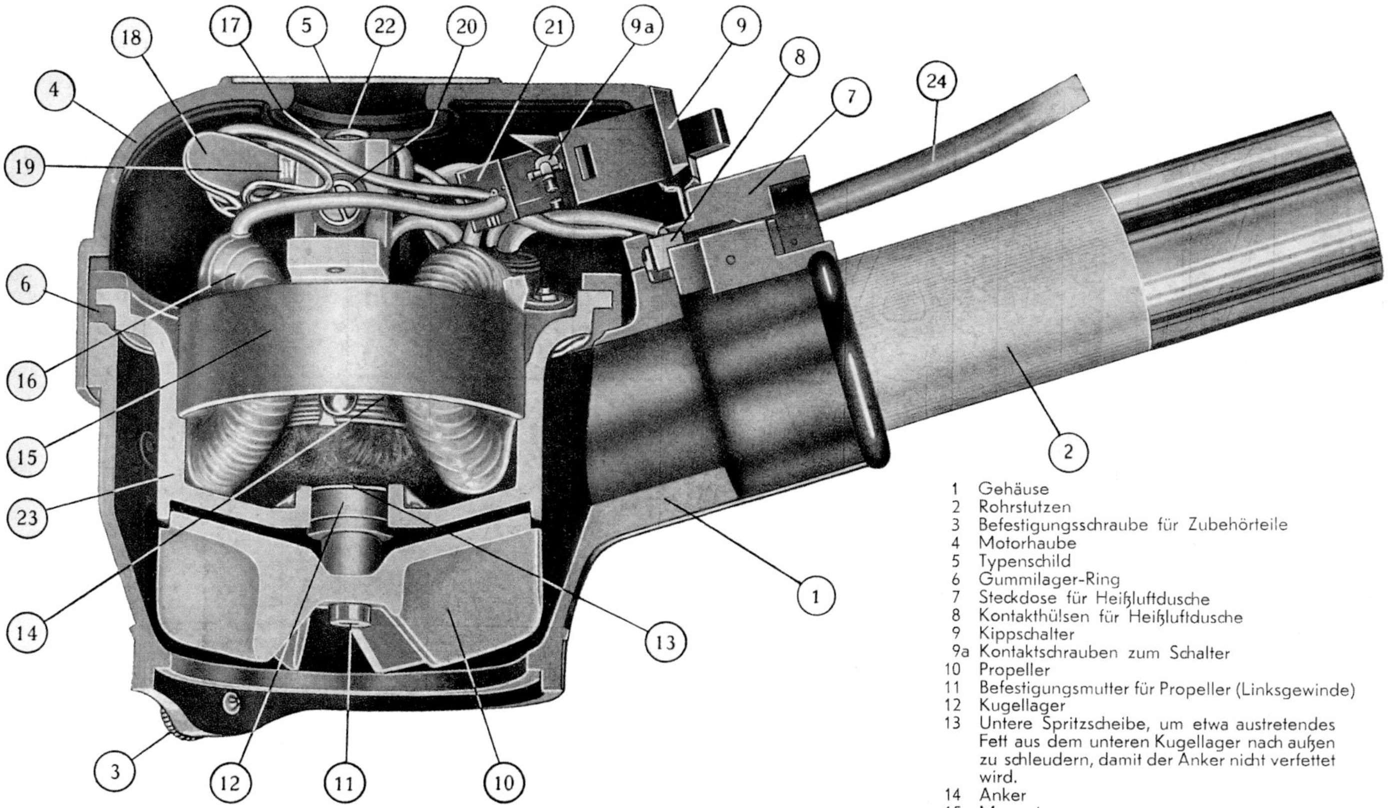

Querschnitt durch den Vorwerk-Kobold, Modell S

1 Gehäuse
2 Rohrstutzen
3 Befestigungsschraube für Zubehörteile
4 Motorhaube
5 Typenschild
6 Gummilager-Ring
7 Steckdose für Heißluftdusche
8 Kontakthülsen für Heißluftdusche
9 Kippschalter
9a Kontaktschrauben zum Schalter
10 Propeller
11 Befestigungsmutter für Propeller (Linksgewinde)
12 Kugellager
13 Untere Spritzscheibe, um etwa austretendes Fett aus dem unteren Kugellager nach außen zu schleudern, damit der Anker nicht verfettet wird.
14 Anker
15 Magnet
16 Magnetspule
17 Motorbrücke
18 Störschutz
19 Befestigungsschraube (Messing) für Erdverbindung des Störschutzes
20 Kohlenhalter mit Kohlen
21 Lüsterklemme
22 Befestigungsmutter für Anker
23 Motoreinsatz
24 Kabel

Motorenwicklerei, 1958

Elektro-Montage-Halle, 1958

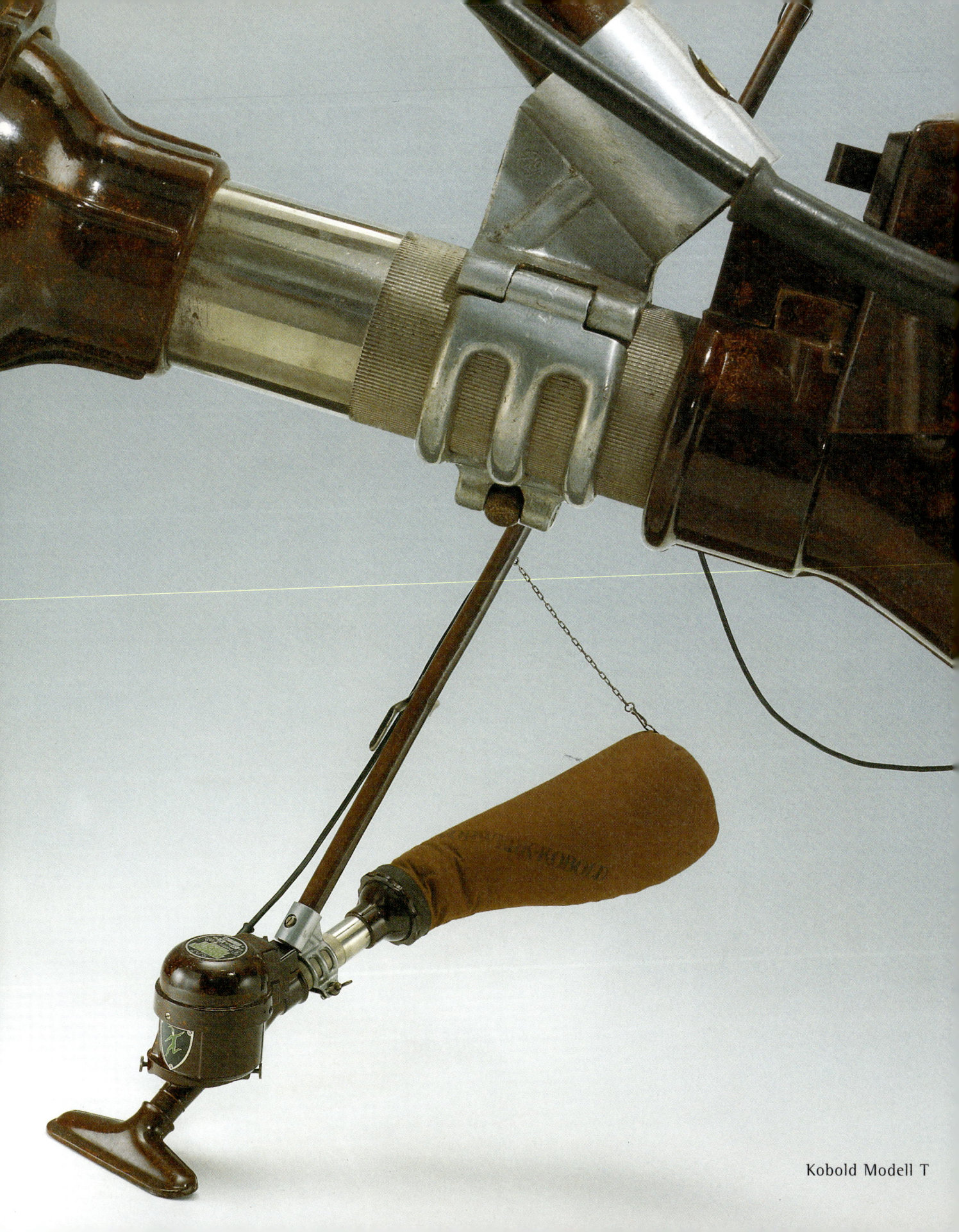

Kobold Modell T

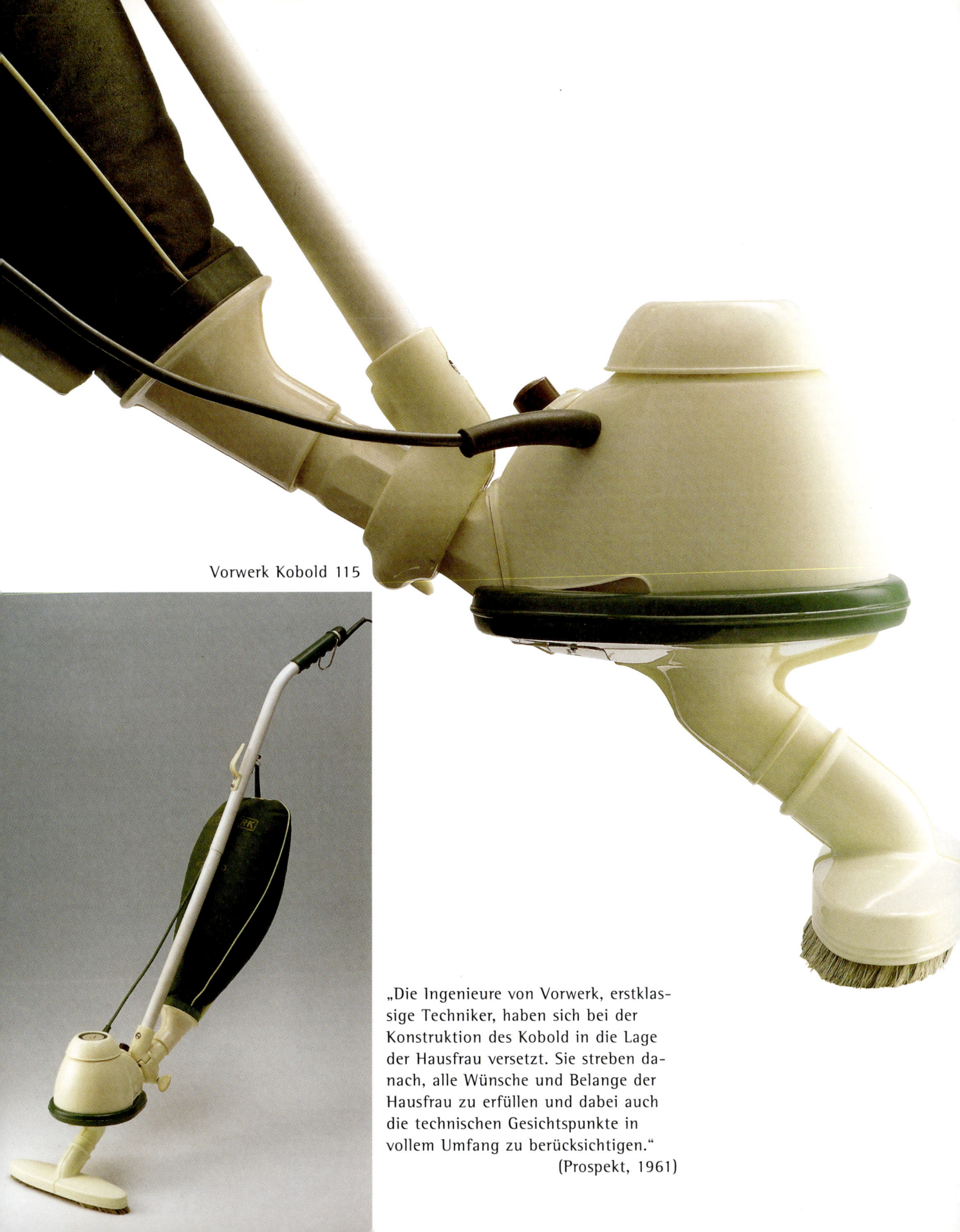

Vorwerk Kobold 115

„Die Ingenieure von Vorwerk, erstklas-
sige Techniker, haben sich bei der
Konstruktion des Kobold in die Lage
der Hausfrau versetzt. Sie streben danach, alle Wünsche und Belange der
Hausfrau zu erfüllen und dabei auch
die technischen Gesichtspunkte in
vollem Umfang zu berücksichtigen."

(Prospekt, 1961)

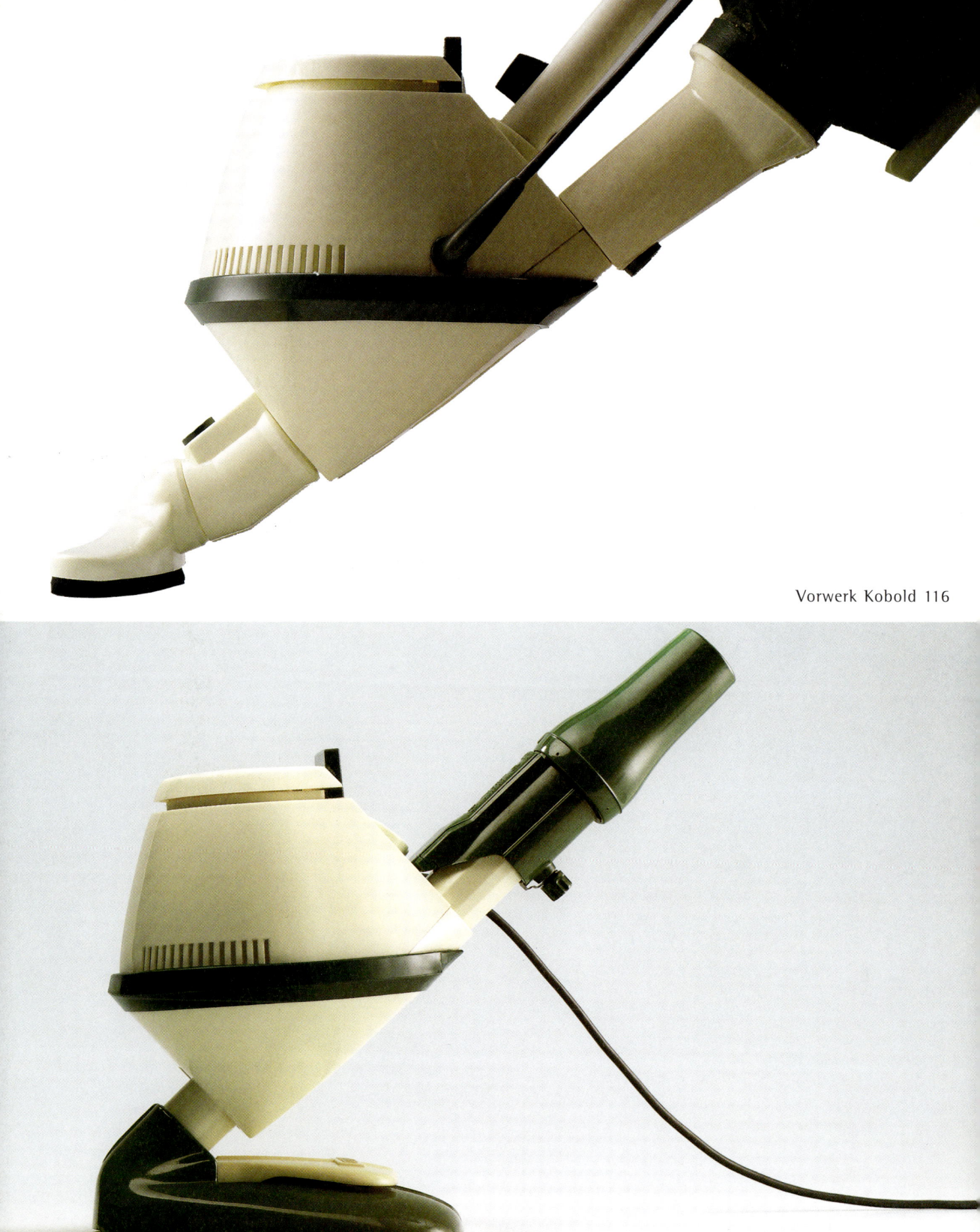

Vorwerk Kobold 116

WAS IST EIN KOBOLD ?

„Das ist ja ein richtiger kleiner Kobold!" rief die Sekretärin des Chefkonstrukteurs, Grete Floren, begeistert aus, als sie den neugeschaffenen Staubsauger von Vorwerk erstmals in Aktion sah. Damit hatte das Kind seinen Namen! So erzählt man es sich wenigstens in Wuppertal. Und seitdem heißt der Handstaubsauger der Firma Vorwerk & Co. „Kobold".

Was aber ist ein Kobold?

Kobold ist ein anderer, umschreibender Name für Hausgeister, die Herrscher des Hauses. Seit dem 13. Jahrhundert hat diese zuerst neutrale Bezeichnung einen Beigeschmack bekommen: Der Kobold gilt als neckischer und schalkhaft-tückischer Geist innerhalb und außerhalb des Hauses, der auch einmal boshaft werden kann. Im Volksmund konnte der Kobold aber weiterhin durchaus auch ein dienstbarer, hilfreicher Geist sein. Seit dem 20. Jahrhundert gehört er - inzwischen in Gestalt der Heinzelmännchen - zum fleißigen Hilfszwerg in Haushalt und Gewerbe.

Der Kobold als Hausgeist hat mit dem Staubsauger einige ganz hervorstechende gemeinsame Merkmale.
Erstens: In dem Haus, in dem er sich einmal niedergelassen hat, bleibt er und ist sehr schwer zu vertreiben. Zieht die Herrschaft in ein neues Haus, kommt der Kobold nicht selten mit.
Zweitens: Auch Hausgeist-Kobolde können käuflich erworben werden.
Drittens: Kobolde können sich meist in vielerlei Gestalten verwandeln.
Viertens: Hausarbeit ist eine der Lieblingsbeschäftigungen der Kobolde. Sie fegen und scheuern die Fußböden, helfen beim Wäschewaschen, ziehen Uhren auf oder kochen das Mittagessen.

Aus dem von Vorwerk & Co. als Schutzzeichen gewählten Springenden Kobold entstand ein Bildzeichen, dem im Laufe der Jahre Leben eingehaucht wurde. Es entwickelte sich zu einem bekannten Sinnbild, vergleichbar dem Sarotti-Mohr.

Der Vorwerk-Kobold hat schon einige Jahre auf dem Buckel. Aufgrund seines Alters, seiner Bekanntheit und Beliebtheit hängt er als Fotografie im Museum und hat einen Platz z.B. im Haus der Geschichte in Bonn und im Museum Leonardo da Vinci in Mailand erhalten.

Seine Leistungsfähigkeit, sein Beitrag zum Wirtschaftswunder und sein Design haben ihn zu einem standfesten Denkmal werden und neben anderen „Altertümern" (be)stehen lassen.

Das Design-Center NRW, Essen, hat den jüngsten Kobold 1997 mit einem Preis für herausragendes innovatives Produkt-Design ausgezeichnet.

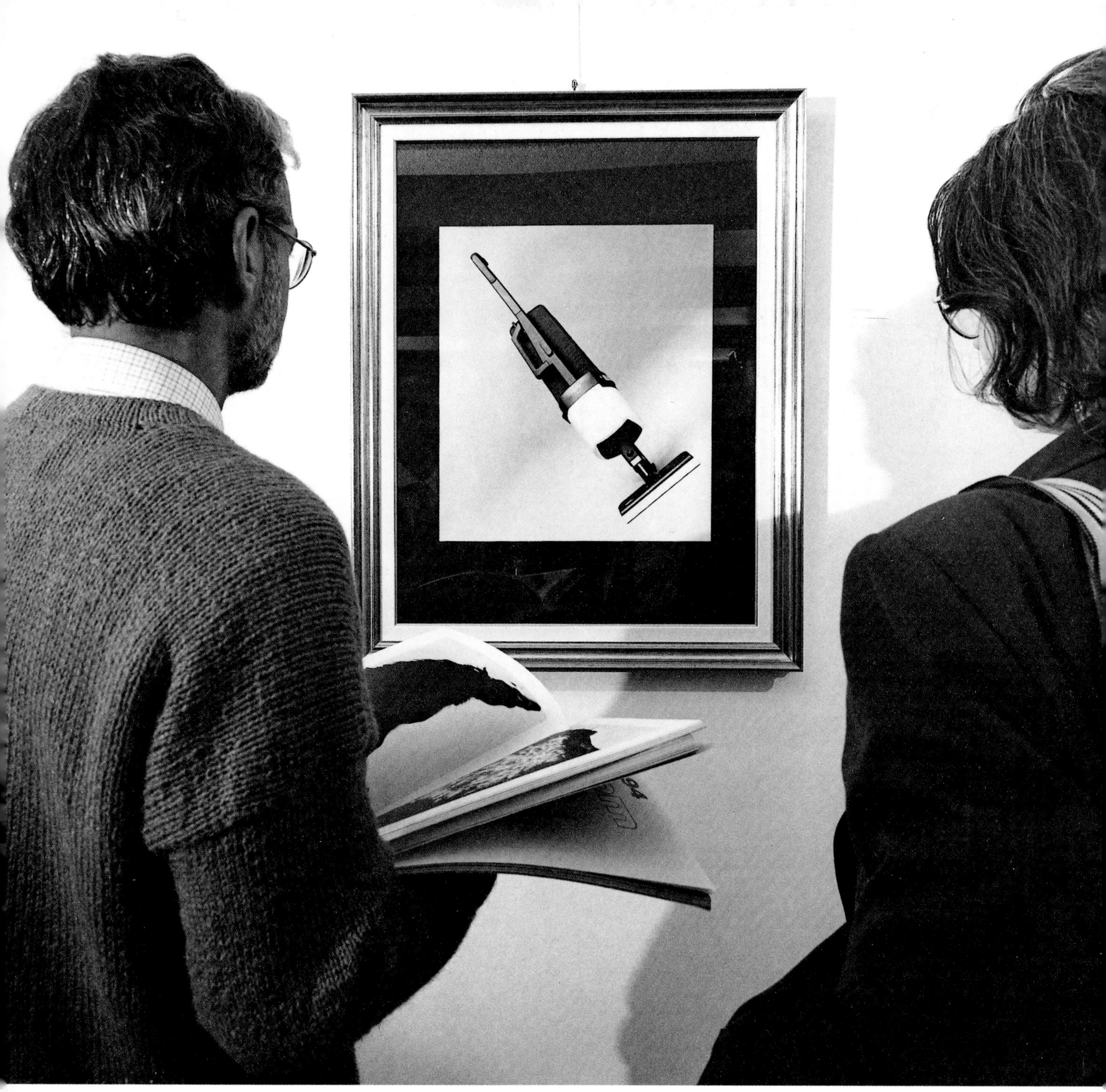

Bitte wenden

„Ich heiße Vorwerk-Kobold ... und bin Staubsauger bei Familie Hanselmann... Wenn die Kinder zur Schule sind, faßt mich die zarte Hand der Hausfrau Gundula Hansemann und hebt mich vom Haken. Jetzt beginnt mein Alltag. Ich nehme zuerst das Frühstück ein.

Es liegt auf dem Vorplatz zwischen den Rillen des Sisalteppichs versteckt... Außer Fäden, Brotbröseln, heruntergefallenen Haaren, Wollfasern und Papierschnitzeln suggle ich auch noch den Staub aus den Ecken, Knöpfe allerdings, die von Westen, Jacken und Hosen abgefallen sind, lehne ich ab. Nach der Reinigung des Vorplatzes lehne ich mich in die Ecke und verschnaufe ein wenig... Nicht lange danach werde ich wieder an den Steckkontakt angeschlossen und kitzelnd durchfährt mich der Strom... Diesmal geht die Tour ins Wohnzimmer. Gierig schlecke ich die Sessel und das Sofa ab. Das macht Spaß, denn sie riechen so

herrlich nach Fünfzig-Pfennig-Zigarren, und auf dem Teppich finde ich gelegentlich neben Aschenresten auch ein Schnaps- oder Weintröpflein... Interessant ist es auch, über das Bücherregal gehalten zu werden. Während mich Frau Hanselmann hin- und herschiebt, sauge ich Goethes, Schillers und Wilhelm Buschs Werke glänzend und keimfrei... Im Schlafzimmer beende ich meinen Tageslauf. Schon etwas müde, surre ich über die Bettvorleger und nage längere Zeit an einem Apfelstiel... Schließlich ist auch das geschafft, und ich beziehe wieder mein Appartement im Besenschrank."
(Kobold-Nachrichten, September 1963)

E. FRIEDR. KOCH
ARCHITEKT

E m p f e h l u n g

Meine Frau besitzt seit 4 Monaten -nach dem sie jahrelang sich
damach sehnte - ihren Staubsauger und zwar den "Vorwerk-Kobold".
Ich glaube, dass der Name"Kobold" gut gewählt und zutreffend ist.
Nicht nur, dass dieser "Kobold" mit seinen verschiedenen techn.
Einsatzmöglichkeiten eine ausserordentlich vielfältige Hilfe der
Hausfrau darstellt, sondern er versteht es durch seine guten
Eigenschaften als ein <u>guter</u> Kobold auch die Stimmung einer geplag-
ten Hausfrau dauernd zu heben und wird somit auch zum Freund
der Männer und"Haushaltsvorstände".
Seine leichte, völlig unbeschwerte Handhabung wird von meiner
Frau besonders gelobt.

Es ist bestimmt kein Fehler, wenn man diesem Apparätchen die
weiteste Verbreitung wünscht, weil er überall ein guter Helfer
sein wird.

Freiburg, den 13. August 1949

Das Bildzeichen des Kobold reizte
viele Zeichner zu immer
neuen Figuren und Allegorien.

Ein meisterhafter Staubsauger
der nur 1800 g wiegt

Gebaut von den berühmten Teppich- und
Maschinenfabriken Vorwerk & Co.

Der große

Vorwerk-Kobold
Modell 32

Titelseite eines Werbe-Faltblattes, 30er Jahre

Den Motorkopf des Ur-Kobold zierten sein Name „Vorwerk-Kobold" und das Firmenzeichen Vorwerk & Co. Barmen. Der Springende Kobold zierte seit 1935 (ab Modell T) die Vorwerk-Staubsauger.

Der Vorwerk Kobold....

In den 30er Jahren waren fleißige Kobolde mit ihren hilfreichen, aber auch schalkhaften Taten liebenswerte Werbeträger für ihren Namensvetter.

Auf der Karte aus dem Jahre 1933 zeigen sich die eifrigen Helfer der Firma Vorwerk & Co. mit „ihrem" Produkt, dem Vorwerk-Kobold, Modell 33. Hier drückt sich die ganze Wesensvielfalt der Kobolde aus: verspielt, lustig, immer zu Späßen aufgelegt und bei manchen ein tückisches Glitzern im hintersten Augenwinkel.

Die noch „per Hand" bohnernden Kobolde finden wir, wie viele andere, in einem Prospekt für das Modell 34.

Wer ist das?

Sein Name ist in Stadt und Land
schon mancher Hausfrau gut bekannt.
Und überall, wo er im Haus,
da sieht es nett und sauber aus.
Er ist ein kleiner, flinker Mann,
der Ihnen immer helfen kann,
der Hausfrau treuester Begleiter. —

Doch morgen . . . : geht das Verslein weiter;
denn dann hat er sich vorgenommen,
zu Ihnen in das Haus zu kommen.
Sie haben wohl die Freundlichkeit
und gönnen ihm ein wenig Zeit.
Es kann ja nur Ihr Nutzen sein,
und kostenlos ist's obendrein.
Damit Sie Ihn sogleich erkennen,
woll'n wir auch seinen Namen nennen:
Verehrte Hausfrau, sei ihm hold,
sein Name ist . . . . . .

Vorwerk – Kobold.

EIN GERÄT FÜR ALLE FÄLLE

Wie ein motorisierter Besen sprang der Kobold auf den Haushaltsgerätemarkt der dreißiger Jahre. Mit seiner winzigen Gestalt war er die Erfüllung des Märchens von den Heinzelmännchen. Die „Blechbüchse" oder der „saugende Besen", wie die ersten Kobold-Modelle einst genannt wurden, war für die damalige Zeit erstaunlich vielseitig. Der Kobold war leicht und handlich wie eine Bürste und gleich praktisch für jede Art der Staubentfernung. Man begann 1930 mit schmalen, breiten, kurzen und langen Düsen sowie einem Verlängerungsrohr mit einer Bürste. Schnell und sicher reinigte man mit diesem Zubehör Teppiche, Läufer, Möbel, Dekorationen, Vorhänge, Kleider, Bücherregale, Schaufenster, Treppen, Automobile usw.

Staubsauger blieben zunächst den wohlhabenden Schichten vorbehalten. Vor allem auf dem Land klopften die Frauen noch lange nach dem Zweiten Weltkrieg ihre Teppiche per Hand aus. Staubsauger brauchten zudem vor allem die Städter, deren Wohnungen mit Teppichböden ausgelegt waren und einen Stromanschluß hatten.

Die Werbung versprach den Hausfrauen, so wie der Elektroherd ihnen das Kochen abnehme und die Waschmaschine die große Wäsche erledige, reinige der Staubsauger fast selbständig die Wohnung. Das Bohnern sei spielend leicht, und die Heißluftdusche biete viele Erleichterungen in der Hausarbeit. Folgerichtig lenkte die milde lächelnde, elegant gekleidete Hausfrau aus dem Prospekt leichtfüßig auf Pumps den Staubsauger durch die Wohnung.

In den darauffolgenden Jahren weitete sich das Zubehörprogramm immer mehr aus. Außer zur Staubentfernung priesen Prospekte das kleine Ding Anfang der 30er Jahre zum Haartrocknen, zum Trocknen von Filmstreifen, als Rauchverzehrer und Parfümzerstäuber an.

Die Vielseitigkeit des Vorwerk-Kobold, die man vor dem Kauf des Gerätes in der eigenen Wohnung ausprobieren konnte, machte ihn für viele Kunden zu einem begehrten und interessanten Haushaltshelfer. Anfang der 70er Jahre wurde der Tätigkeitsbereich des Kobold eingeschränkt; Haartrocknen, Verdunsten und Zerstäuben entfielen.

Er liest jeden Krümel vom Teppich, reinigt das Auto, trocknet die Haare, kehrt die Terrasse. Unser Kobold drückt sich vor keiner Arbeit. Nur Kochen kann er nicht.

Werbeblatt, 30er Jahre

Der Vorwerk-Kobold muß Sie interessieren, weil . . .

er in erneuter Vervollkommnung jetzt

als Universalgerät 4 Apparate in sich vereinigt:

I. einen leichten und handlichen Staubsauger

ohne Fahrgestell — ohne Staubkessel — ohne Schlauch und Rohr — aber von höchster Saugkraft bei geringstem Stromverbrauch.

Diese von jeder Hausfrau freudig zu begrüßende Tatsache verdankt er **der besonderen Stromlinienführung der Saugwege,** und **dem hochglanzpolierten Luftführungskanal** .

Der Vorwerk-Kobold, der im In- und Auslande durch viele Patente geschützt ist, gewährleistet durch diese wichtigen, technischen Neuerungen: Noch bessere Entsaugung bei schonenderer Behandlung des Teppichs!

II. einen staubsaugenden Bohner

der in einem Arbeitsgang Fußböden aller Art, Linoleum, Parkett etc. zugleich reinigt und poliert.
Kein Staubaufwirbeln — keine Ansteckungsgefahr!!

III. eine elektrische Heißluftdusche

mit einer kräftigen Heizspirale Heißlufterzeugung — Unentbehrlich zum Trocknen der Haare. Haarwäsche im eigenen Heim ohne spätere Erkältungsgefahr! Zur Wärmebehandlung von Krankheiten — Linderung rheumatischer Schmerzen etc.

IV. einen Zerstäuber

zum Einmotten der Kleider und Möbel — gleichzeitig Parfümzerstäuber und Rauchverzehrer — zur Desinfektion von Krankenzimmern usw.

D. R.P. Der Vorwerk-Kobold — ein Qualitätsbegriff! V D E

Die Vorwerk-Kobold Heißluftdusche eignete sich zum Haartrocknen, zum Trocknen von Wäsche, feuchten Kleidern, Schuhen, Filmstreifen, zur Auffrischung verbrauchter Luft usw.

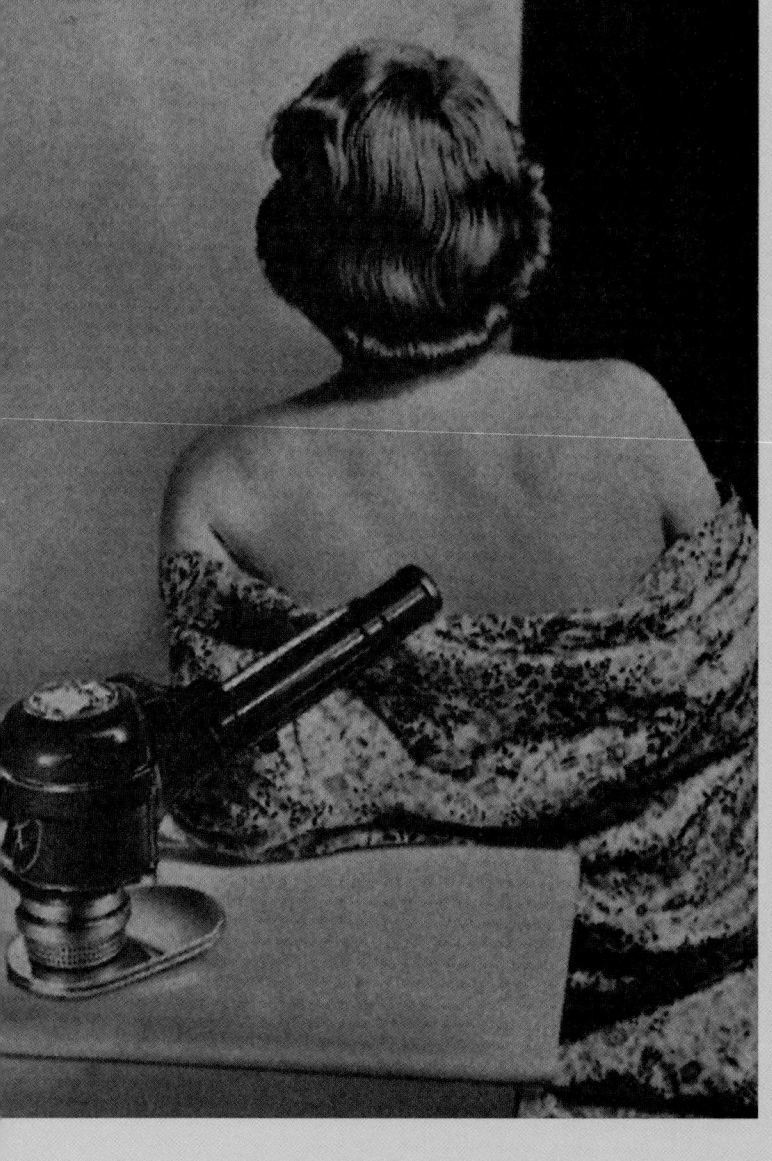

Wer keinen Staubsauger besaß, der verzichtete damit auch auf viele andere Annehmlichkeiten, die diese Geräte mit sich brachten, so z.B. die Heißluftdusche, zu der man sie nach Herausnahme des Staubbeutels mit Leichtigkeit verwandeln konnte. Je nachdem, ob der Schlauch an den saugenden Eingang gesteckt oder an das pustende Ende geklemmt wurde, ließen sich unterschiedliche Reinigungsarbeiten erledigen oder etwa rheumatische Schmerzen lindern.

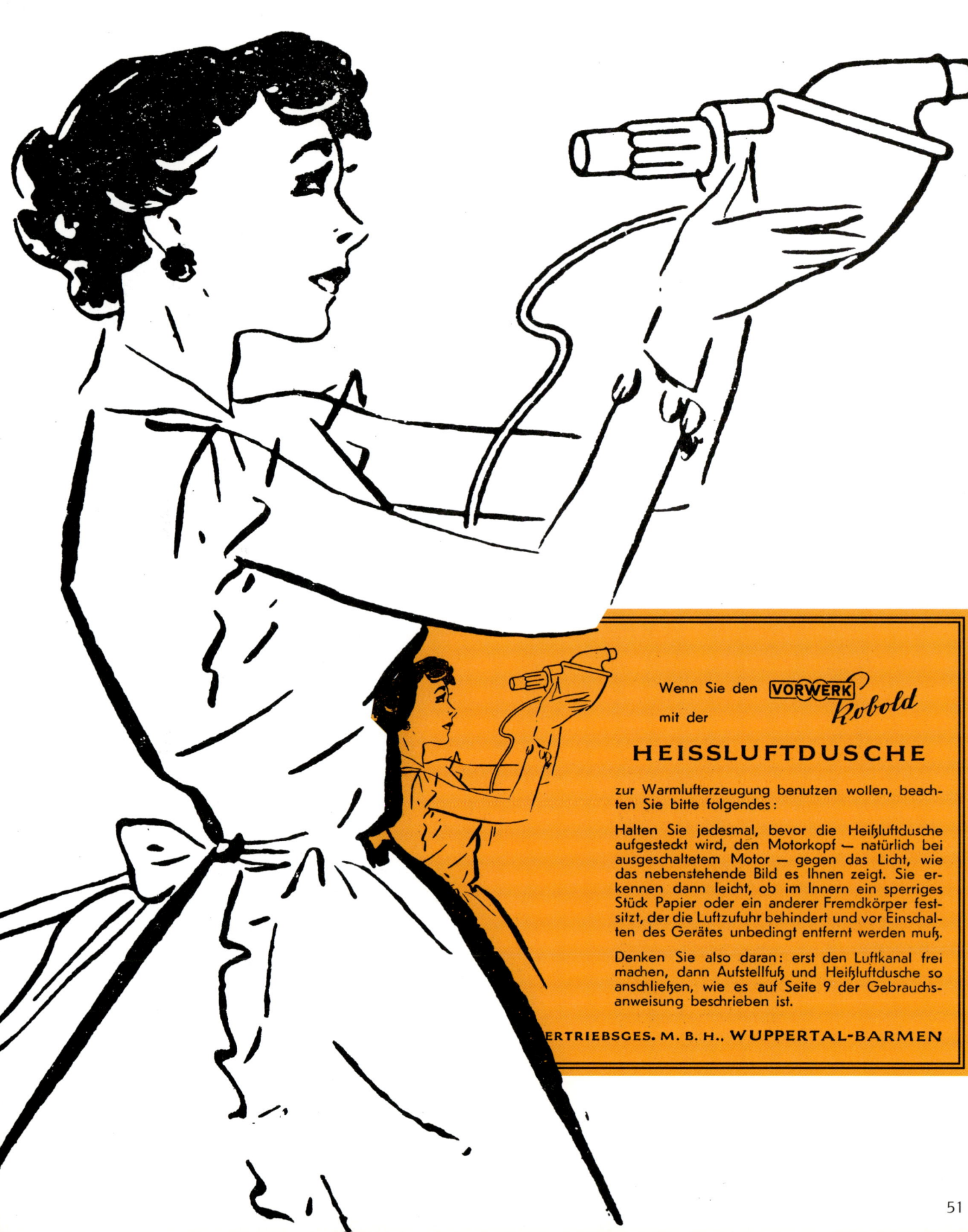

Wenn Sie den **VORWERK** *Kobold*

mit der

HEISSLUFTDUSCHE

zur Warmlufterzeugung benutzen wollen, beachten Sie bitte folgendes:

Halten Sie jedesmal, bevor die Heißluftdusche aufgesteckt wird, den Motorkopf — natürlich bei ausgeschaltetem Motor — gegen das Licht, wie das nebenstehende Bild es Ihnen zeigt. Sie erkennen dann leicht, ob im Innern ein sperriges Stück Papier oder ein anderer Fremdkörper festsitzt, der die Luftzufuhr behindert und vor Einschalten des Gerätes unbedingt entfernt werden muß.

Denken Sie also daran: erst den Luftkanal frei machen, dann Aufstellfuß und Heißluftdusche so anschließen, wie es auf Seite 9 der Gebrauchsanweisung beschrieben ist.

ERTRIEBSGES. M. B. H., **WUPPERTAL-BARMEN**

Anfang der 50er Jahre umfaßte der Tätigkeitsbereich des Kobold das Teppich-, Vorhang-, Polster-, Möbel- und Fensterrahmenabsaugen. Er konnte mit Spiritus einen Kraftfahrzeugmotor entfetten, Wände kalken, ein Kaminfeuer anfachen, Stiefel oder Haare trocknen, Leitungen enteisen, in der Wohnung für frische Luft sorgen oder die Pflanzen mit Insektenvernichtungsmittel bespritzen. Zum Bohnern gab es bereits seit den 30er Jahren die Bohnerbürste, deren Wirkung durch das Bohnerwachs Kobolin optimiert wurde. Durch immer neue Zubehörteile wurden die Anwendungsmöglichkeiten des Kobold ständig erweitert. Seit Anfang der 60er Jahre verhalfen der Saugschlauch oder die Elektro-Teppichbürste zu verbesserter Reinigung von Polstern und Teppichen.

Für 6 Mark wird der Vorwerk-Kobold auch zum Bohner

Jede Hausfrau, die den Staubsauger Vorwerk-Kobold besitzt, weiß, wie handlich er ist und wie gründlich er dabei arbeitet. Sicher und schnell reinigt er Möbel, Teppiche, Vorhänge usw. — und ist dabei ganz billig.

Jetzt kann sie ihn auch als Bohner verwenden! Dazu braucht man nur die neue Bohnerbürste einzuschrauben, den Stecker in den Steckkontakt zu stecken und den Apparat über den Boden zu führen. Die Borsten der Bürste sind so luftig gestellt, daß der Staub bequem zwischen ihnen hindurch kann. Sie entstauben und bohnern also gleichzeitig.

Statt einen besonderen Bohner außer dem Staubsauger zu kaufen, brauchen Sie jetzt nur für 6 Mark die Bohnerbürste zum Vorwerk-Kobold Modell 33 und für 8 Mark die Bohnerbürste für Modell 32 zu erwerben.

 # Der Staubsauger
Vorwerk-Kobold
mit der neuen Bohnerbürste

Mit der Ende 1950 als Zubehör zum Kobold vorgestellten Trockenhaube wurde das Haartrockenproblem auf eine ganz neue Grundlage gestellt. Die Haube war aus Gummistoff gefertigt. Ihr oberer Deckel hatte kleine Löcher, durch welche die Heißluft, nachdem sie die Haare umspült hatte, wieder entweichen konnte. Die Trockenhaube lag fest am Kopf an - ohne zu drücken - von der Haargrenze ab um den ganzen Kopf.

„Sparsamer ist dieses Haartrocknen in mehrfacher Hinsicht. Einmal können Sie unter der Trockenhaube ihre Zeit noch anderweitig ausnutzen, zum anderen verringert die konzentrierte Wärme den Trockenprozeß und damit den Stromverbrauch, und schließlich macht sich der Anschaffungspreis schon in Kürze bezahlt durch die Einsparung der Ausgaben, die Ihnen bei der Haarpflege außer Haus entstehen."
(Werbetext, 1951)

So manche Kundin verwirklichte sich durch die neue Trockenhaube endlich den Wunsch nach einem Kobold.

Mit dem aufgesetzten Zerstäuber
konnte der Kobold zur Vernichtung
von Fliegen, Mücken, Schnaken,
Wanzen, Milben, Asseln usw. genutzt
werden.

„Ohne Leiter kann man schwer zu-
gängliche Oberflächen von Schränken
und Regalen säubern. Dazu wird der
Stiel in umgekehrter Richtung am
Griffrohr angesetzt." (Prospekt, 1957)

Die neue Spezialdüse
für den Setzkasten...

Handlich und leicht wie eine Bürste, saugkräftig wie ein normaler Staubsauger, aber ungewöhnlich in seinem Preis — dadurch hat sich der Vorwerk-Kobold in wenigen Monaten den Weg in Haushaltungen, Büros und gewerbliche Räume erobert. Jetzt vervollkommnet Vorwerk seinen Staubsauger durch ein Ansatzstück für den Setzkasten und macht ihn damit zum praktischen Reinigungsgerät für die Druckereien.

Ohne jede Mühe reinigen Sie mit dem Vorwerk-Kobold Typen und Setzkästen. Ein Typenverlust ist ausgeschlossen, denn ein feines Drahtnetz filtriert den Staub heraus und hält die Typen fest. Eine leichte Drehung läßt sie dann gereinigt in den Setzkasten zurückfallen.

Der Vorwerk-Kobold ist bei aller Stabilität ungewöhnlich preiswert: Er kostet nur RM. 58.50; das Ansatzstück für den Setzkasten nur RM. 12.—, und dieser niedrige Preis macht sich umso schneller bezahlt, da Sie jetzt für Wohnung, Büros und Maschinenräume nur einen Staubsauger brauchen.

Der Staubsauger
Vorwerk-Kobold
mit Spezialansatzstück für Druckereien

Und noch eine feine Sache
VORWERK-KOBOLD
mit Zerstäuber

Zum Einmotten
Zerstäuber-Kapsel (b) mit Mottalin (d) füllen und Kappe (a) wieder aufsetzen. Schaltet man nun die Maschine ein, wird das Mottalin durch die von außen einströmende Luft vergast. Der dem Stutzen entweichende Luftstrom wirkt desinfizierend. Zum Einmotten von Kleidungsstücken empfehlen wir das Zerstäuben unseres Mottalin. Der Schrank wird zunächst von Kleidungsstücken freigemacht und vergast (etwa 10 Minuten lang). Dann desinfiziert man jedes einzelne Kleidungsstück, hängt die Kleider wieder in den Schrank und bläst nochmals 10 Minuten lang nach. Es ist gut, wenn man dieses bis zum Herbst 2 bis 3mal wiederholt, um sich vor Motten zu schützen.

Zum Parfümzerstäuben
Schwämmchen (c) mit Parfüm oder Arodesin (e) anfeuchten, in die Kappe einlegen und wieder aufsetzen. Wir empfehlen Ihnen unser Arodesin, das eine aromatische, desin-fizierende Wirkung hat.

Als Rauchverzehrer
angewandt, beseitigt er in wenigen Augenblicken schlechte und rauchige Luft. Gebrauchsanweisung siehe unter Parfümzerstäuben.

Für Krankenzimmer
Menthol oder Eukalyptus auftropfen und zerstäuben.

Werbeblätter, 30er Jahre

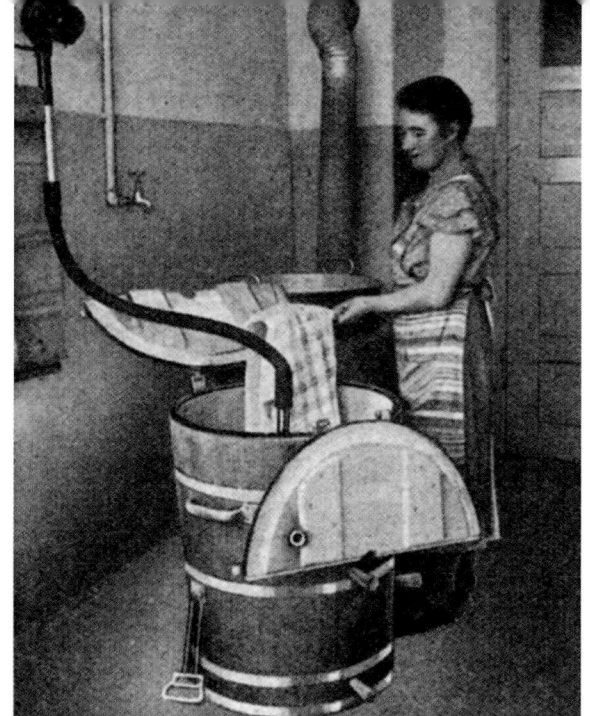

Mit der „kombinierten Vorwerk-Kobold"-Einrichtung für die Waschküche wurde der Hausfrau zu Beginn der 30er Jahre auch ein müheloses Waschen angeboten.

„Die Vorwerk-Kobold-Waschmaschine ist die restlose Vervollkommnung des Vorwerk-Kobold-Staubsaugers, der nun der Hausfrau nicht nur in der Wohnung alle schmutzige und lästige Arbeit abnimmt, sondern jetzt auch noch als vollwertige 'Waschfrau' in der Waschküche der Hausfrau die schwere, ermüdende Wascharbeit restlos erledigt. Ein kräftiger Luftstrom bringt die Waschlauge in dauernde Wallung, die dadurch herbeigeführte Sprudelwirkung läßt reichen, vollen Seifenschaum entstehen. Der Sauerstoff der Luft in Verbindung mit dem Waschmittel reinigt die Wäsche rasch und gründlich. Nachspülen bei laufendem Motor entfernt die letzten Seifenreste und macht die Wäsche blütenweiß. Die Wäsche leidet absolut nicht, da ja nicht gerieben oder geschlagen wird.

Vorteile gegenüber dem seitherigen Waschen von Hand
1. Die Wäsche nimmt statt seither 9 Stunden nur 3 Stunden in Anspruch.
2. Die Hausfrau ermüdet absolut nicht mehr, weil kein Bürsten und Reiben, sie kann den Haushalt nebenher machen und wie sonst sogar noch kochen für die Familie.
3. Die Lebensdauer der Wäsche verdoppelt sich, weil Luft und Sauerstoff nur Schmutz entfernt und bleicht, aber nicht zerreißt.
4. Es kann alles gewaschen werden, Blusen, Vorhänge, feine seidene Wäsche, Spitzen usw. ohne jede Beschädigung.
5. Kolossale Ersparnis an Seifenmaterial, weil dieses in Verbindung mit Luft und Sauerstoff viel ergiebiger ist und der Sauerstoff nichts kostet.
...
10. Damit macht der Hausherr seiner Gattin wirklich eine doppelte Freude, weil diese Einrichtung nicht nur fabelhaft arbeitet, sondern außerdem auch noch fabelhaft billig ist."

(Werbeblatt, 30er Jahre)

Saubere Wäsche, müheloses, schonendes *Waschen, mit der neuen, fabelhaften, billigen elektrischen*

„Vorwerk-Kobold"- Waschmaschine
**D. R. G. M.
D. R. P. angem.**

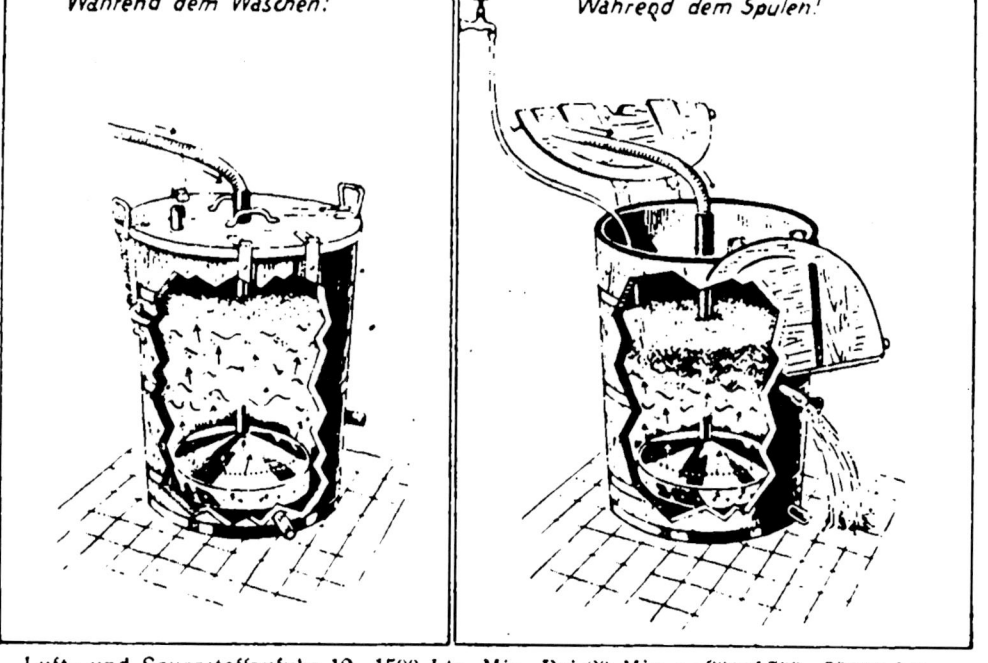

Während dem Waschen! Während dem Spülen!

Luft- und Sauerstoffzufuhr 12—1500 Ltr. Min. Bei 20 Min. = 20 × 1500 = 30 000 Ltr. für einen Waschvorgang.

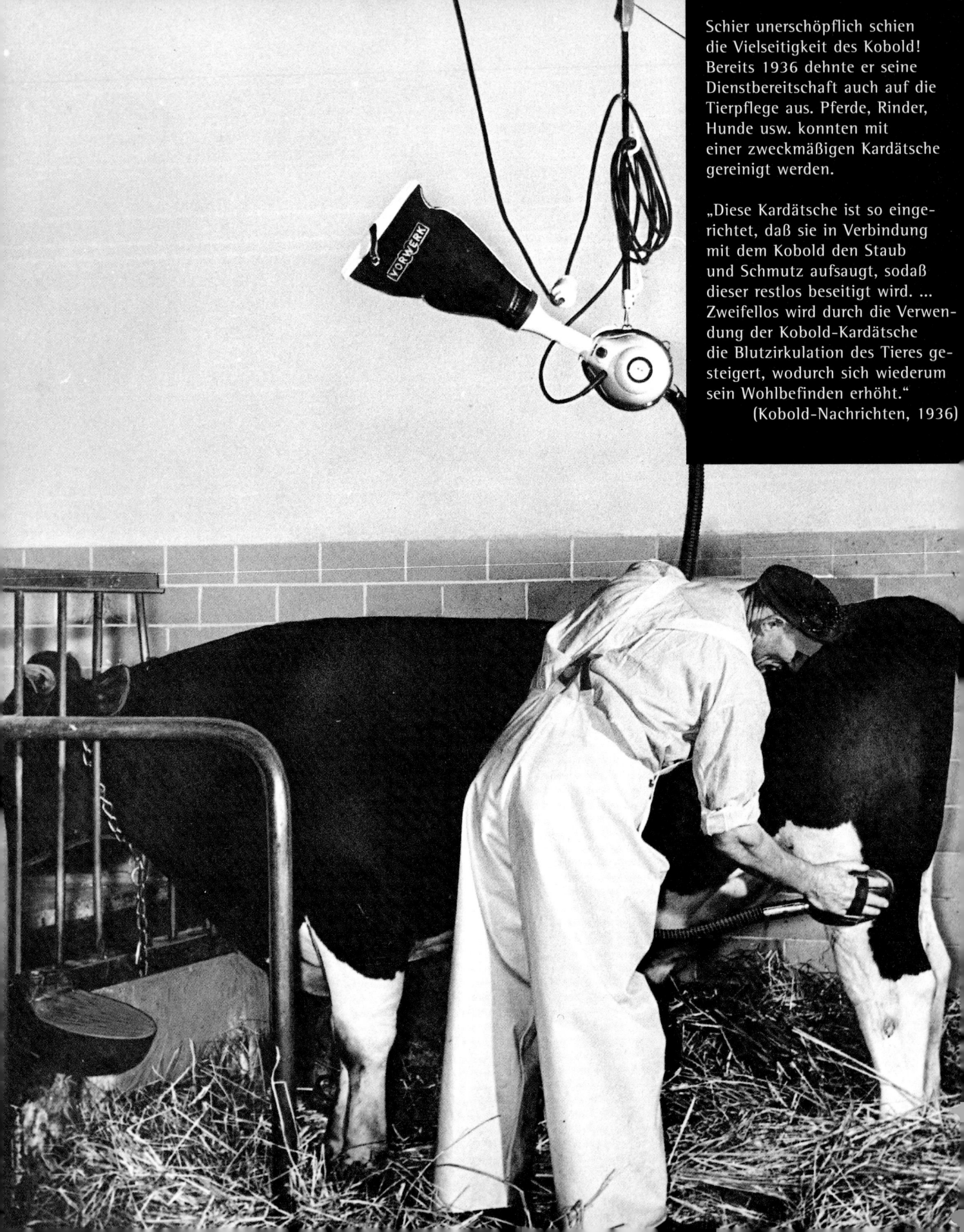

Schier unerschöpflich schien
die Vielseitigkeit des Kobold!
Bereits 1936 dehnte er seine
Dienstbereitschaft auch auf die
Tierpflege aus. Pferde, Rinder,
Hunde usw. konnten mit
einer zweckmäßigen Kardätsche
gereinigt werden.

„Diese Kardätsche ist so eingerichtet, daß sie in Verbindung
mit dem Kobold den Staub
und Schmutz aufsaugt, sodaß
dieser restlos beseitigt wird. ...
Zweifellos wird durch die Verwen-
dung der Kobold-Kardätsche
die Blutzirkulation des Tieres ge-
steigert, wodurch sich wiederum
sein Wohlbefinden erhöht."
(Kobold-Nachrichten, 1936)

„Das Vorwerk-Viehputzgerät löst wie der Striegel aus dem Haarkleid der Tiere den Staub, lose Haare, Schinnen usw., saugt aber im selben Arbeitsgang alles zugleich ab. Da die massierende Durcharbeit bis auf den Haarboden dringt, wird die Hautatmung auf das günstigste beeinflußt. Milben und Parasiten geraten jetzt nicht mehr in die Streu, sondern werden im Staubbeutel abgefangen, bevor sie das Tier wieder befallen können. Der Gewinn für die Tierpfleger ist ebenfalls groß. Er spart nicht nur Zeit und Kräfte, sondern er bleibt außerdem frei von Staub und Stallgeruch."
(Prospekt, 1955)

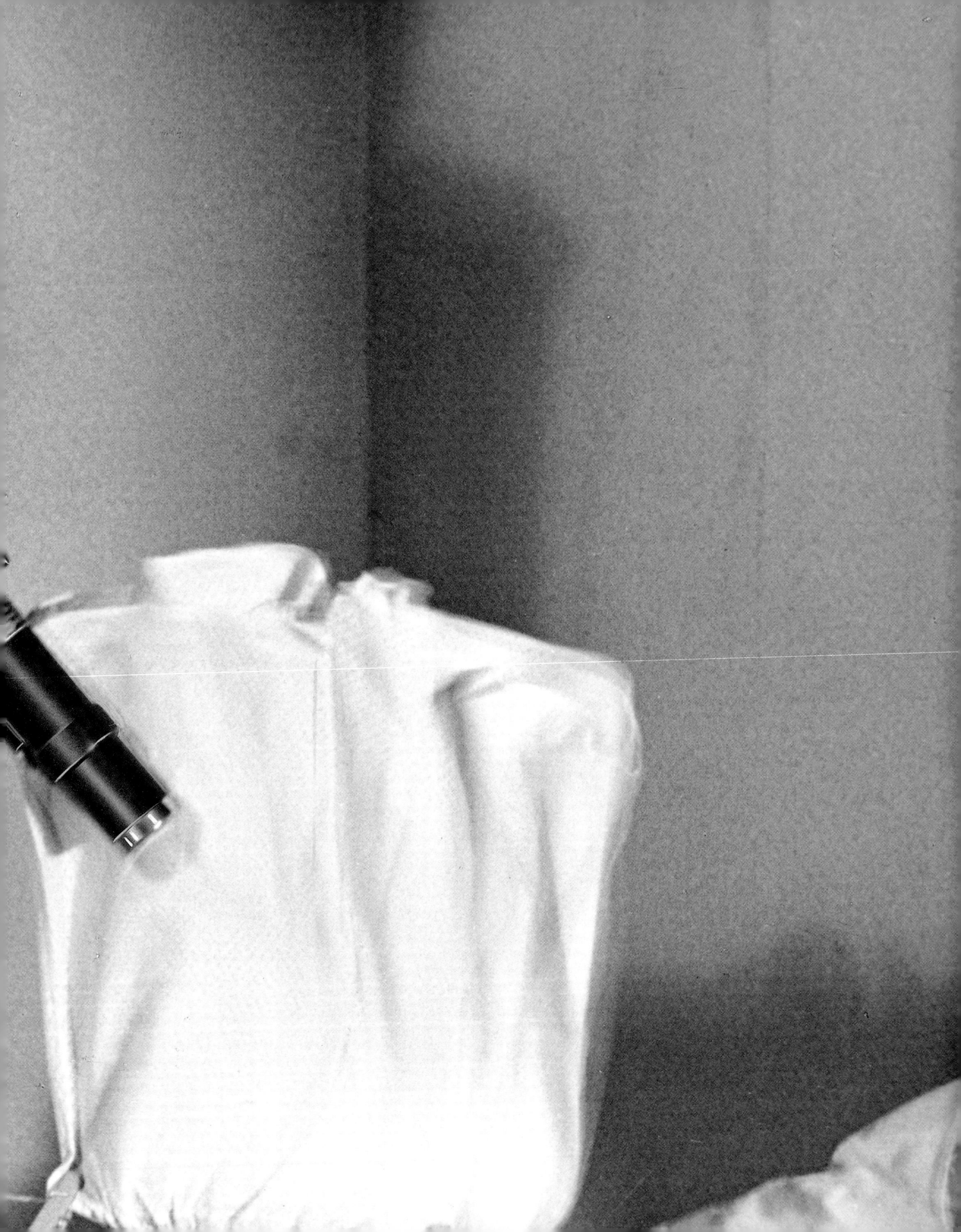

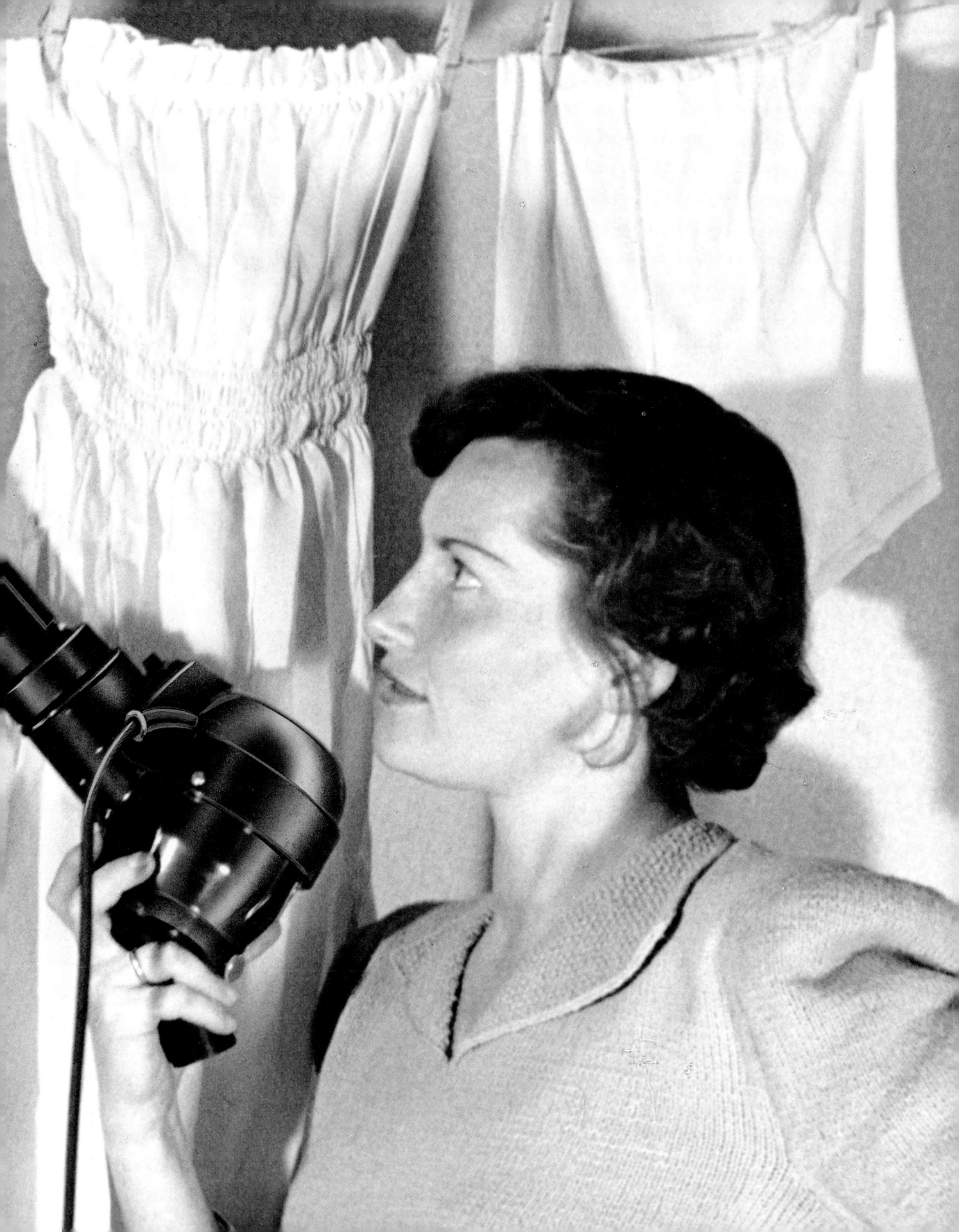

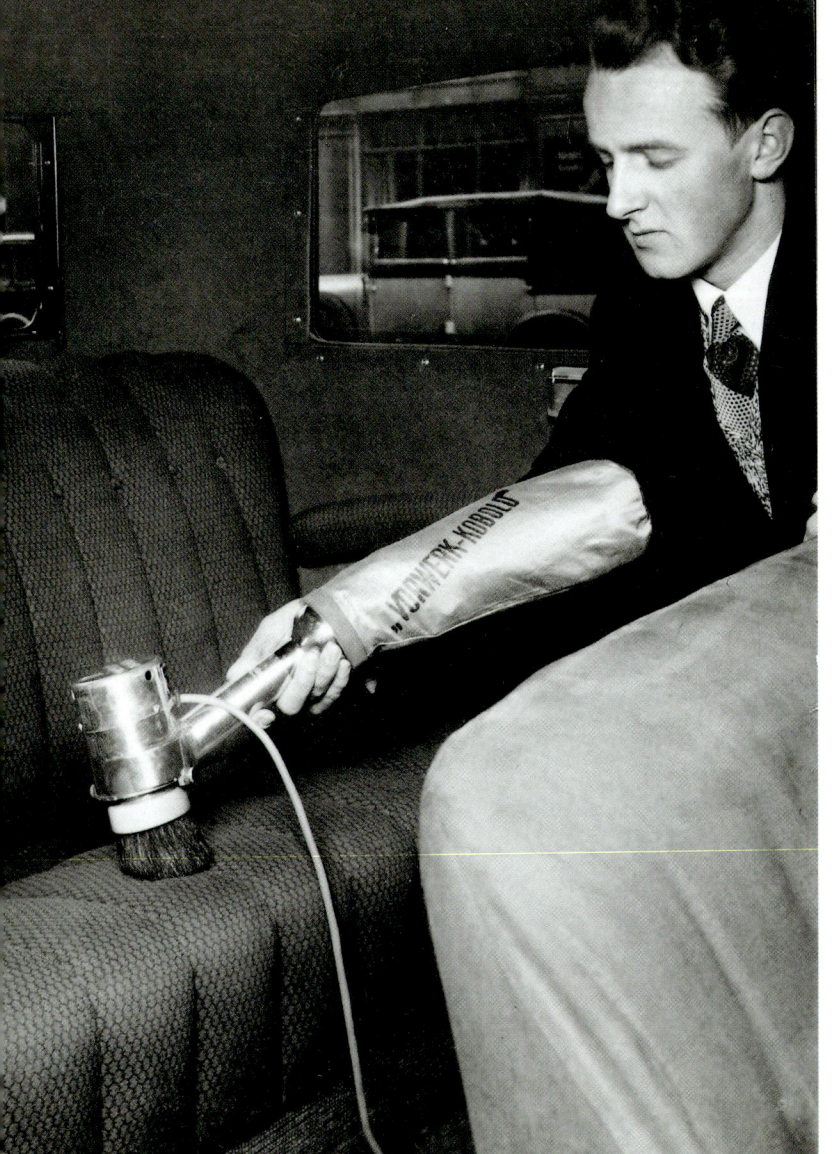

(Prospekt, 1970)

Raumpflege: Handgerät
Wenn Sie nur wenig
Platz zum Arbeiten
haben, wie z. B. im Auto,
machen Sie den V 116
mit einem Griff zum
Handgerät und schon
arbeiten Sie auch hier
schnell und mühelos.

„Die Fugendüse holt den Staub aus den tiefsten Ritzen der Polstermöbel. Beim Reinigen von Autopolstern macht sie außerdem das Herausnehmen der Sitze überflüssig." (Prospekt, 1958)

„Nur ein paar Handgriffe - und der
Vorwerk-Kobold bläst, anstatt zu sau-
gen. Dazu brauchen Sie nur den neuen
Zerstäuber aufzuschrauben ...
Er besteht aus einem Gefäß für das
Mottenmittel mit einem sehr feinen
Drahtnetz. Stellt man den Motor an,
so wird das Mottalin durch den starken
Luftstrom gewirbelt und verdunstet.
Der Kobold bläst in alle Ecken und bis
in die Tiefenschichten dicker Gewebe.
Sie können mit diesem praktischen
Staubsauger auch Parfum zerstäuben
und ihn als bequemen, handlichen
Apparat zur Luftreinigung verwenden."
(Werbeblatt, Anfang 30er Jahre)

„Auch der Möbelpinsel wird wie
jede andere Düse einfach aufgesteckt.
Mit ihm säubert man mühelos und
gründlich das Schnitzwerk an schweren
Bilderrahmen und Stilmöbeln,
außerdem Türleisten, Regale, Bücher
und Noten."   (Prospekt, 1958)

„Zwischen die Rippen der Heizkörper
gelangen Sie ebenso leicht wie
zwischen die Lamellen von Jalousien."
                    (Prospekt, 1961)

„Mühelos reinigen Sie mit dem V 116
Ihre glatten Böden. Mit dem handlichen Stiel ist er spielend leicht
zu führen und sein Gewicht kaum
spürbar."   (Prospekt, 1972)

„Zum Reinigen von Dampfheizungen
Hinter dem Heizkörper ein feuchtes
Laken aufhängen, den anhaftenden
Schmutz durch die Blasluft lösen und
an das Laken blasen. Am besten ver-
wendet man hierzu ein gebrauchtes
Badetuch."   (Prospekt, 30er Jahre)

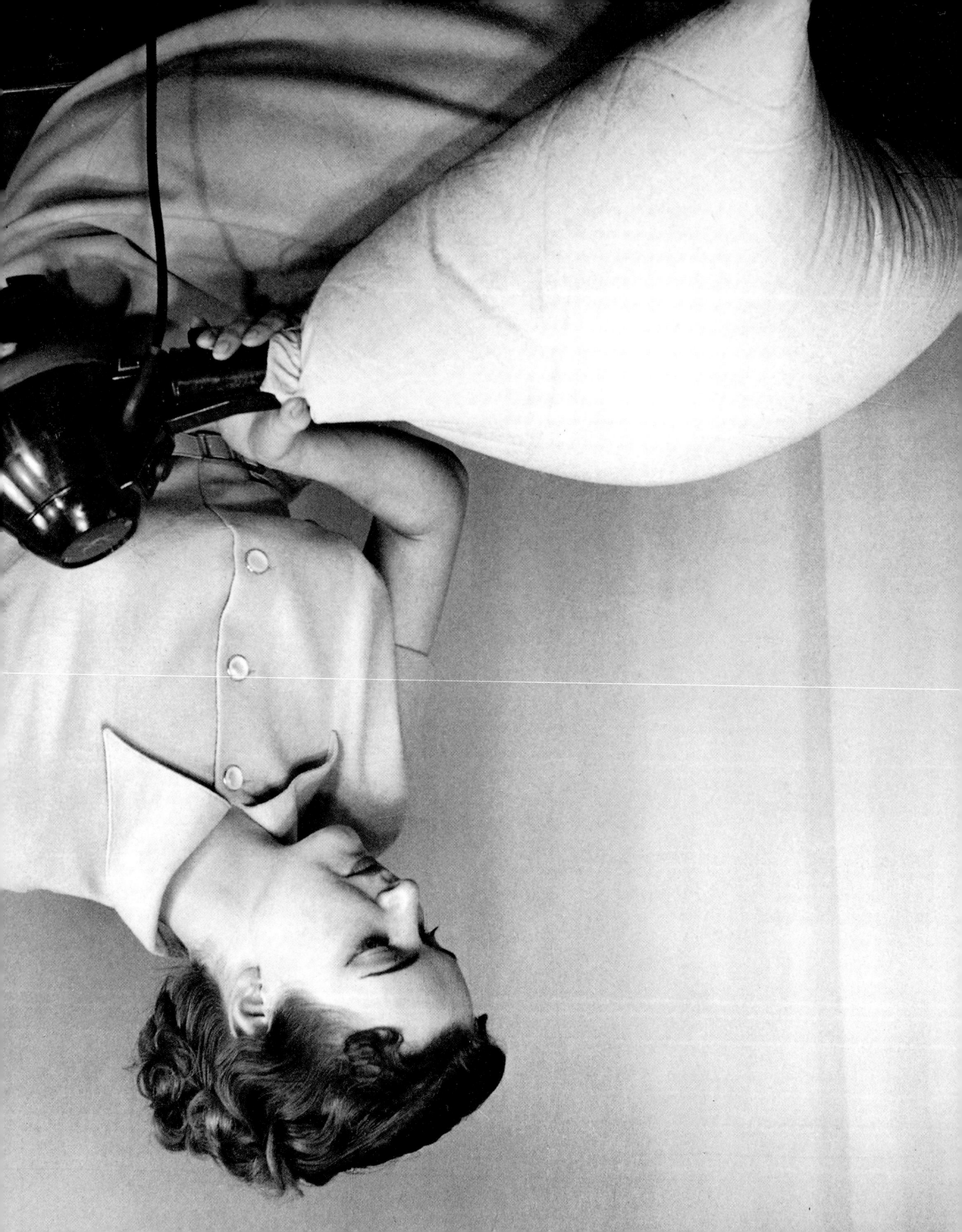

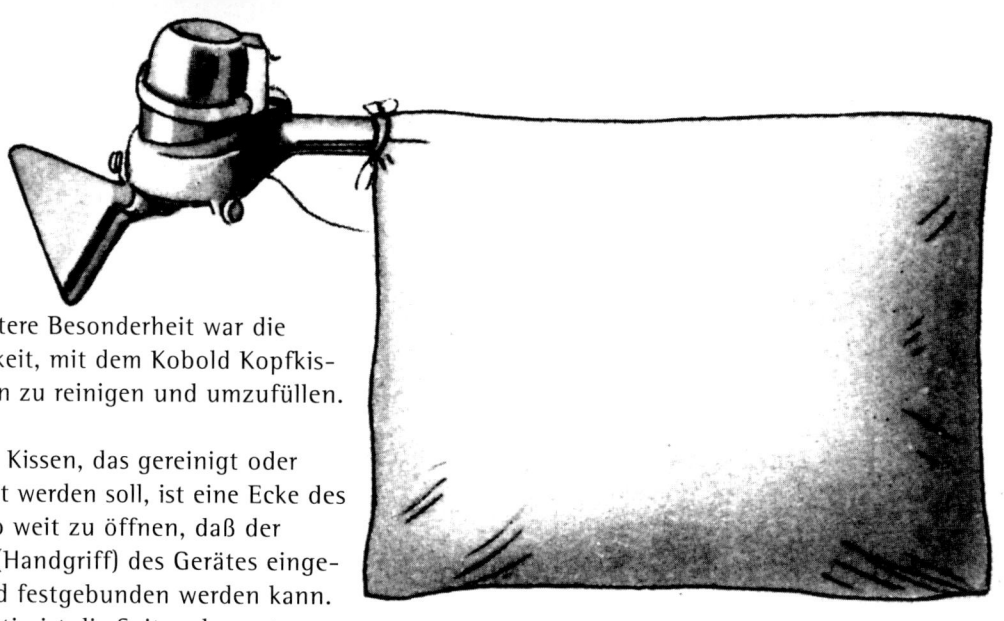

Eine weitere Besonderheit war die Möglichkeit, mit dem Kobold Kopfkissenfedern zu reinigen und umzufüllen.

„An dem Kissen, das gereinigt oder umgefüllt werden soll, ist eine Ecke des Inletts so weit zu öffnen, daß der Stutzen (Handgriff) des Gerätes eingeführt und festgebunden werden kann. Gleichzeitig ist die Spitze des entgegengesetzten Endes ebenfalls in der Breite von einigen Zentimetern zu öffnen; dort muß mit wenig Stichen ein leichterer, luftdurchlässigerer Stoff angeheftet werden. Sobald der Apparat eingeschaltet wird, bläht sich das Kissen auf und die Luft entweicht an der Stelle, an welcher der leichtere Stoff angenäht worden ist. Durch entsprechende Bewegung des Kissens müssen alle Federn in den Luftstrom gebracht werden. Nach Abnahme des eingenähten Stoffes ist festzustellen, daß sich der Schmutz und die Staubteilchen an diesem festgesetzt haben. Die Umfüllung ist recht einfach: Nach Entfernung des Lappens braucht an dieser Stelle nur das zweite Kissen angeheftet zu werden, um durch den Luftstrom die Federn aus dem alten in das neue Kissen zu befördern.

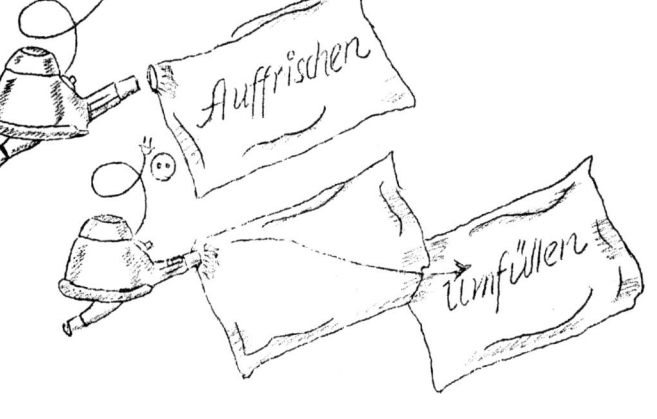

Um unseren Kunden die Handhabung in beiden Fällen deutlich zu zeigen, haben wir nebenstehend zwei Skizzen angebracht.

Es ist nicht ratsam, die Federn durch Ansaugen zu lockern, weil durch die hohen Umdrehungszahlen des Motors die leichten Federn zerschlagen werden könnten. Außerdem würde sehr leicht eine Verstopfung des Motorkopfes eintreten." (Anleitung für die Benutzung des Kobold zur Bettfedernreinigung und Bettfedernumfüllung, 50er Jahre)

„Für Polstermöbel ist besonders die Polsterdüse geeignet, denn mit ihr lassen sich vor allem Rundungen zweckmäßig bearbeiten."

(Prospekt, 1957)

„Auch mit dem Staub unter den Möbeln wird der >Vorwerk-Kobold< mühelos fertig."

(Prospekt, 1957)

„Aus den verborgensten Falten der Vorhänge holt der >Vorwerk-Kobold< den Staub heraus. Sie werden ihm seine große Hilfsbereitschaft gern danken und darauf achten, daß er keine Metallteile (Stecknadeln, Reißnägel usw.) zu schlucken bekommt."

(Prospekt, 1958)

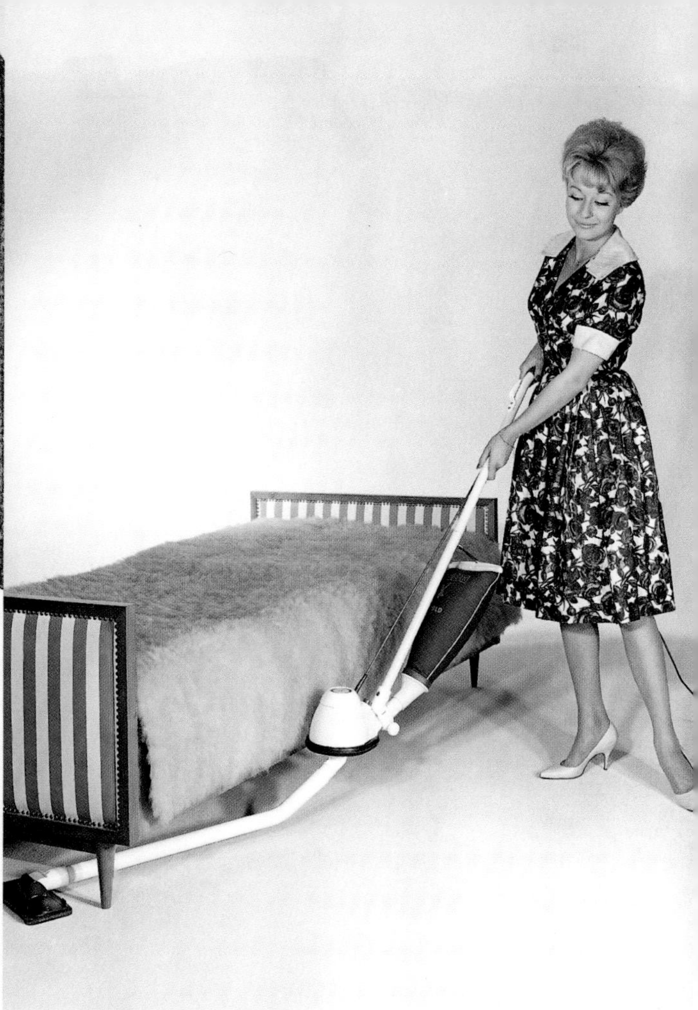

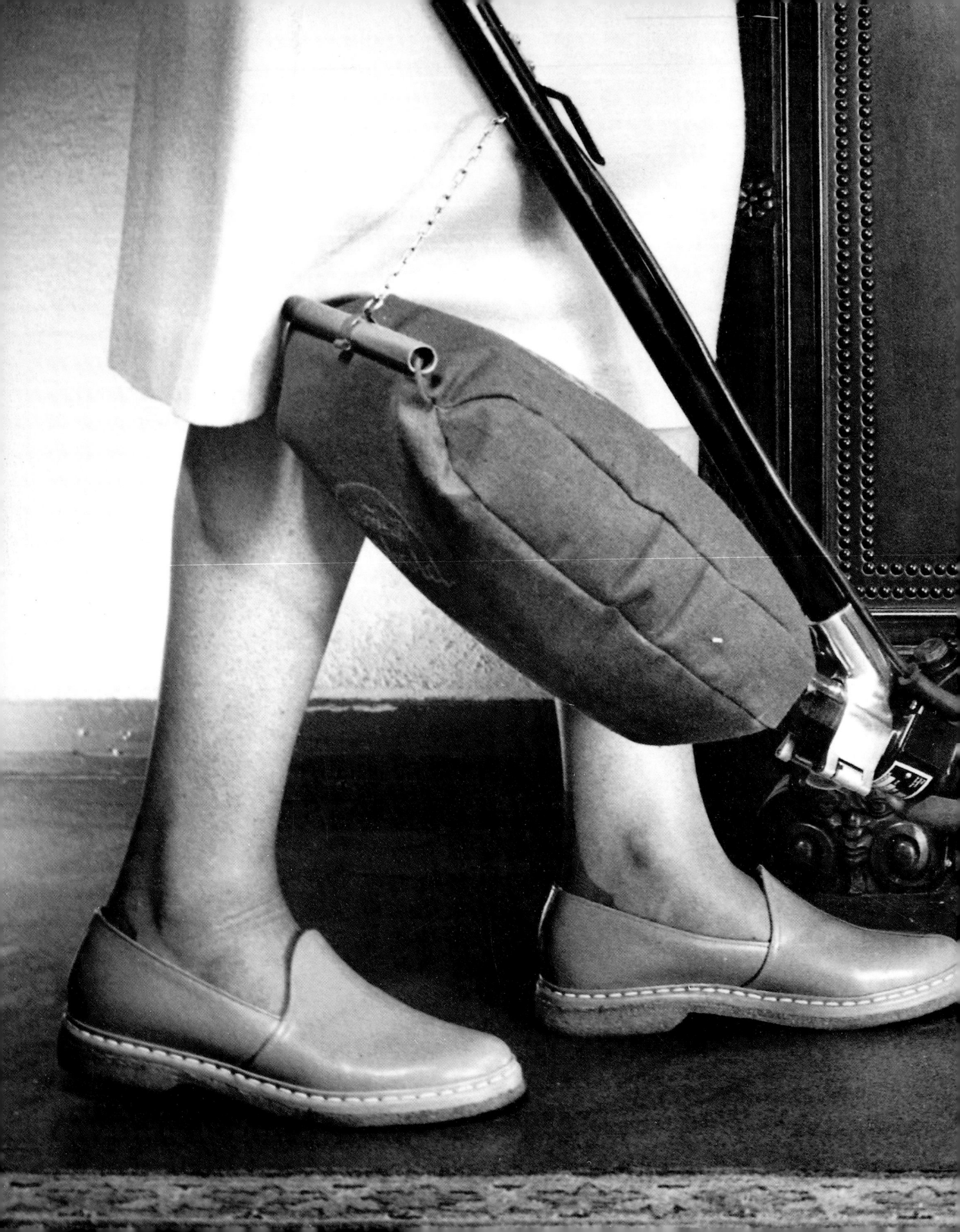

AUF DEM WEG ZUM KUNDEN

Nicht nur das Produkt selbst, sondern ebenso ein neuartiges Vertriebskonzept, der Direktvertrieb - die Beratung und der Verkauf in der Wohnung des Kunden - war und ist das Besondere am Vorwerk-Kobold.

Der Anfang der 30er Jahre präsentierte Kobold war klein, vielseitig und leistungsstark. Doch ohne die Möglichkeit zu haben, die neuartigen Vorteile des Gerätes vorgeführt zu bekommen, schlossen die Kunden von dem günstigen Ladenverkaufspreis auf eine mangelhafte Leistung. Der Kobold unterschied sich ganz erheblich von den monströsen, unhandlichen Apparaten, die sich sonst noch Staubsauger nannten, und war daher mißtrauenerregend modern.

Die rettende Idee, den Kobold dort anzubieten, wo er später auch gebraucht wurde, nämlich seine Vorteile an Ort und Stelle direkt im Haushalt vor-

zuführen, hatte seinerzeit Werner Mittelsten Scheid, ältester Sohn von Geheimrat August. Gerade aus Amerika zurückgekehrt, hatte er dort als Kaufmann die Verkaufs- und Organisationsmethoden studiert und machte seinem Vater den überraschenden Vorschlag: konsequente Umstellung des Vertriebes, Vorführung in der Wohnung, Verkauf von Haus zu Haus. Es war eine neue, eine revolutionäre Idee für das Haus Vorwerk. Geheimrat Mittelsten Scheid erkannte rasch die erfolgversprechenden Möglichkeiten. Nach einer kurzen Bedenkzeit stimmte er zu und beauftragte seinen Sohn Werner mit dem Aufbau und der Leitung einer Direktverkaufs-Organisation. Damit hatte die Geburtsstunde des Vorwerk-Direktvertriebs geschlagen.

Doch bald mußte Vorwerk erkennen, daß die Wirtschaftskrise einen Verkauf nur gegen bar unmöglich machte. Den Vertretern wurde - in Zusammenarbeit mit städtischen Elektrizitätswerken, die zu dieser Zeit nach neuen Absatzmöglichkeiten für ihren elektrischen Strom suchten - die Möglichkeit gegeben, gegen Raten zu verkaufen.

„Ihre Nachbarin sagte zwar schon, daß Sie sich so ein schönes Gerät niemals leisten könnten, aber vielleicht darf ich doch einmal unverbindlich . . ."

„Da komme ich ja gerade richtig! Kennen schon die Vorwerk-Trockenhaube?"

Produktpräsentation Anfang der 30er Jahre

Auf Messen und Ausstellungen wurden Besucher mit dem Kobold bekannt gemacht, um dadurch die Vertreter in ihrer Arbeit zu unterstützen.

Vorführung des Viehputzgerätes auf der Kölner Wanderausstellung, 1960

„Die Hildur", erklärte uns Schweizer Konrad Schleich ..., „wird wie die 180 anderen Rinder des Klostergutes seit einem Jahr mit diesem Gerät gepflegt. Meine drei Kollegen und ich sind sehr zufrieden damit. Fünf Jahre ist sie jetzt alt, die Hildur, und hat schon dreimal gekalbt", fügte er sichtlich stolz hinzu." (Kobold-Nachrichten, Juni 1960)

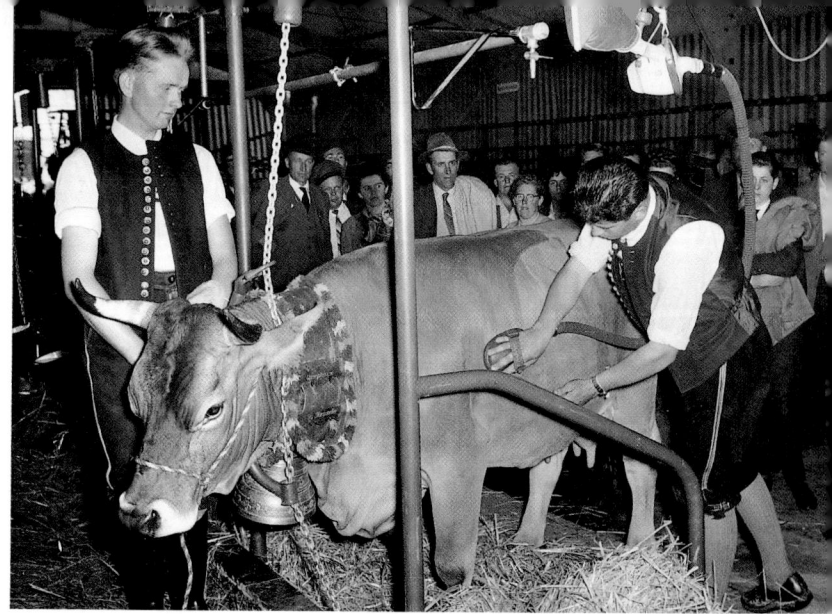

Auch die Männer zeigten stets reges Interesse an der neuartigen Trockenhaube.

Stand auf der Frankfurter Frühjahrsmesse, 1951

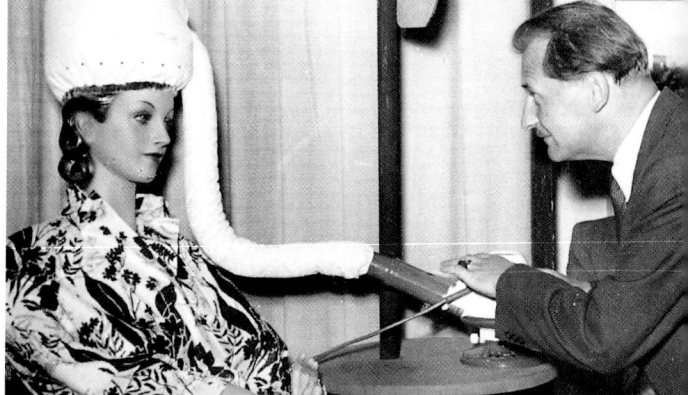

Messestand, der 30er Jahre

Messestand, der 60er Jahre

Ab 1930 baute Werner Mittelsten Scheid aus dem Nichts heraus eine Verkaufsorganisation auf, die schließlich Verkaufsstellen in allen Teilen Deutschlands unterhielt: der Verkauf sollte nur an Endverbraucher über eigene Vertreter erfolgen. Die Schwierigkeiten, während der Weltwirtschaftskrise einen neuen Apparat einzuführen, waren offensichtlich; die Idee trug trotzdem ihre Früchte. Vorwerk erkannte, daß viele wertvolle Kräfte arbeitslos waren, die nichts sehnlicher anstrebten, als bei einer angesehenen Firma ein anständiges Gerät verkaufen zu können. In der Kobold-Organisation wurden Frauen und Männer herangebildet, die das ehrliche Bestreben hatten, nicht nur Geld zu verdienen, sondern auch die Kunden anständig und zufriedenstellend zu bedienen.

Die Koboldorganisation schuf durch ihren Vertriebsweg den Beruf des Staubsaugerverkäufers. Nicht durch eine Lehrausbildung, durch schriftliche Anweisungen oder dergleichen, sondern durch die Praxis.

Diese Fachberater machten 1971 auch im Badedreß eine gute Figur. Der Kobold war immer dabei.

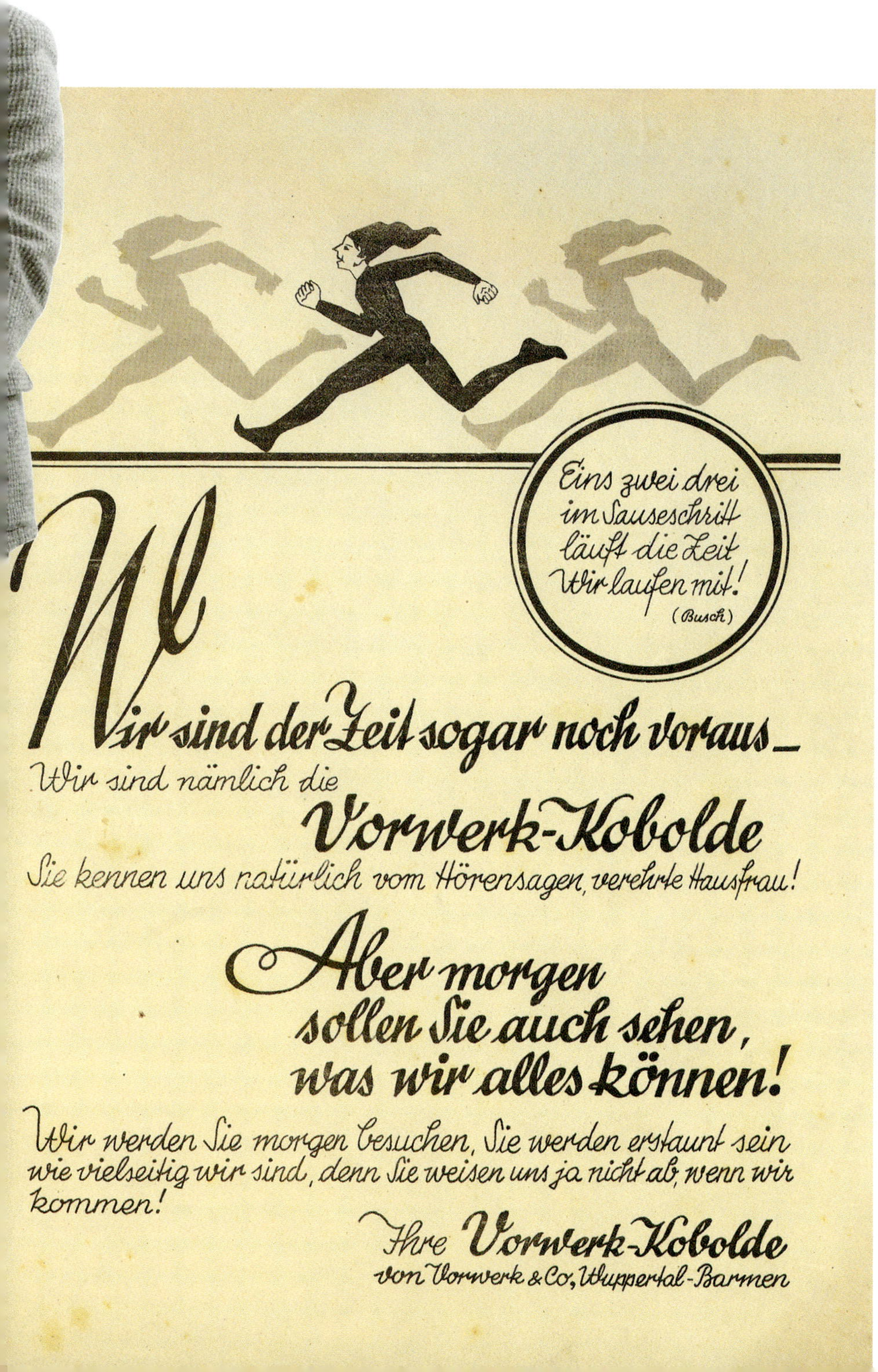

Wanderlied des Koboldvertreters
(aus den 30er Jahren)
Melodie: Holla-hi holla-ho

Mit dem Kobold in der Tasche
fängt ein neues Leben an,
eine Strasse wird genommen,
und es geht dann feste ran:
Holla-hi holla-ho ...

Darf ich Ihn' den Kobold zeigen
er ist doch wunderschön,
ja, sagt die Frau Meyer,
lassen sie ihn mal beseh'n:
Holla-hi holla-ho ...

Raus den Kobold aus der Tasche
und gezeigt wird alles dann,
saugen, bohnern, fönen,
rauchverzehren für den Mann:
Holla-hi holla-ho ...

Ganz begeistert ist Frau Meyer,
und vom Kobold sehr entzückt,
der Vertreter dann Bestellbuch und
den dicken Bleistift zückt:
Holla-hi holla-ho ...

Ist der Auftrag dann getätigt,
sind sie beide hocherfreut,
so vertreibt doch unser Kobold
täglich Kummer und auch Leid:
Holla-hi holla-ho ...

Und am Freitag bei der Zahlung
ist die Freude wieder gross,
unser Ober muss bezahlen
und er wird die Kröten los:
Holla-hi holla-ho ...

Bleib so treu dem guten Kobold
denn er bringt Dir doch was ein,
Lebensfreude, Lebensinhalt
und dazu noch Sonnenschein:
Holla-hi holla-ho ..

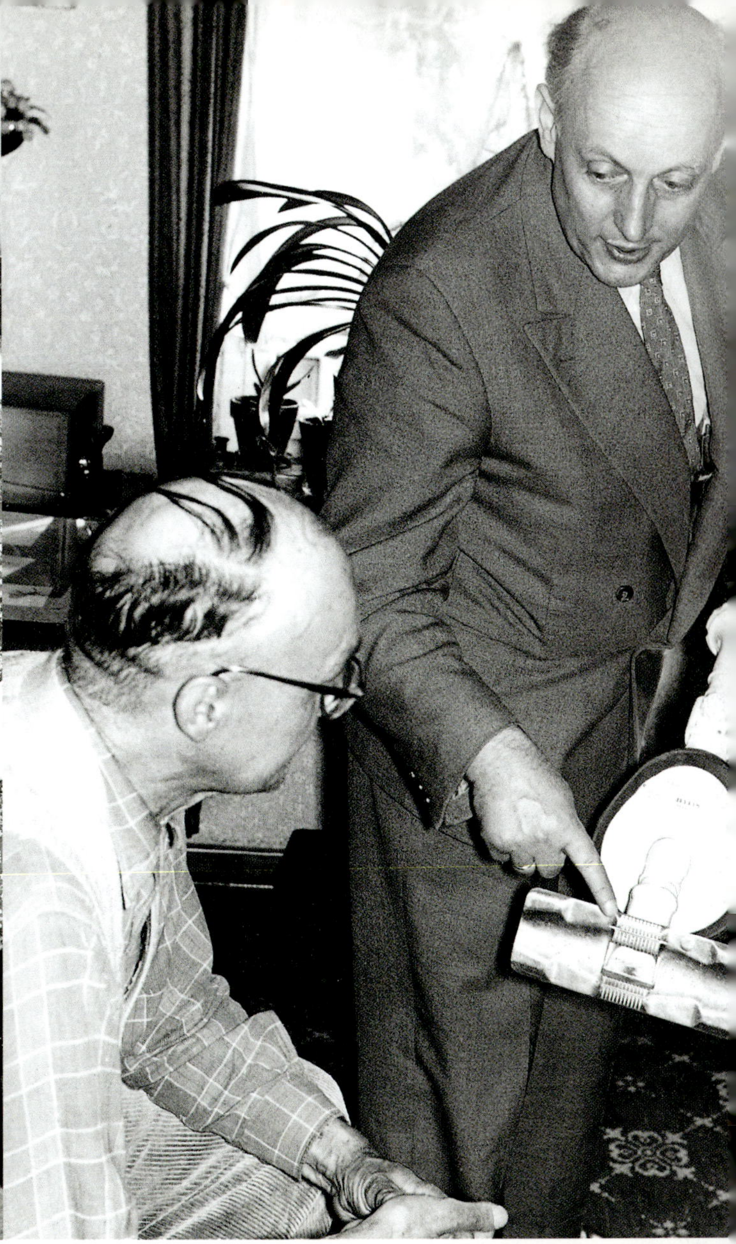

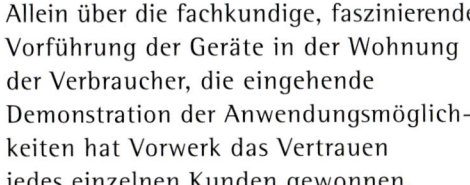

Allein über die fachkundige, faszinierende
Vorführung der Geräte in der Wohnung
der Verbraucher, die eingehende
Demonstration der Anwendungsmöglichkeiten hat Vorwerk das Vertrauen
jedes einzelnen Kunden gewonnen.

Im hellen, leichten Sommeranzug fuhr
im Dezember 1959 der Kobold-
Vertreter in Brasilien zur Vorführung
des Kobold unter'm Weihnachtsbaum.

„Bim, Bim, Bim. - Mein Name ist X von der Firma Vorwerk u. Co. Frau Müller, Sie haben doch gewiss vor ca. 14 Tagen diesen Brief bekommen? - Kobold Brief zeigen. - Nein? Nun dann will ich Ihnen den Inhalt kurz erklären. Die bekannte Teppichfabrik Vorwerk u. Co. in Wuppertal-Barmen veranstaltet eine Reklamevorführung in allen Haushaltungen, welche mit elektrischem Licht versehen sind, und zwar wird ab heute und in den folgenden Tagen hier in Ihrer Strasse der Kobold gezeigt. - Was das ist? Frau Müller, der Kobold ist der kleinste, einfachste und vielseitigste Universal-Reiniger, welchen es seit vier Jahren auf dem Markte gibt und von der grössten und bekanntesten Teppich- und Maschinenfabrik Europas hergestellt wird. Mit dem Kobold kann man kehren und blocken, der Schmutz wird aufgesaugt. Ferner Vorlagen, oder wer Teppiche besitzt kann auch diese reinigen. Ausserdem aber Matratzen, Sofas u.s.w. Gegenstände, welche nicht geklopft werden sollen, kann er reinigen. Dann kann man mit dem Kobold aber auch Haare trocknen und Bettfedern reinigen. Also Frau Müller, der

Kobold ist ein Mädchen für alles, und wir haben das grösste Interesse, dieses kleine vielseitige Gerät überall zu zeigen. Sie kennen doch z.B. Staubsauger Frau Müller? Ja, es ist ein ähnliches Gerät, aber der Kobold ist das vielseitigste, einfachste und handlichste Gerät, denn Töpfe, Rohre, Schläuche, alle Teile, welche den Apparat unhandlich gestalten, fallen fort.

Dann Frau Müller, Staubsauger kosten M 130 - M 190 und noch mehr; der Kobold noch nicht einmal die Hälfte. Denn jede Hausfrau sollte jetzt oder später ebenfalls ein Werkzeug zur Ausübung ihres Berufes, wie man es den männlichen Berufstätigen zugesteht, benutzen, damit auch sie den Erfolg ihrer Arbeit sieht. Kurz gesagt, Frau Müller, der Kobold ist das Mädchen für alles oder Putzfrau und arbeitet für Sie, ohne dabei den Haushalt zu belasten, denn erst kann man damit arbeiten und hinterher genau wie bei der Gas- und Lichtrechnung oder dem Telefon, bezahlt man die Nutzniessung und dieser Betrag ist 10 - 20 Pfg. pro Tag, welchen man

am Monatsende zahlt. Dabei sparen Sie aber allein an barem Geld mehr, als es während der kurzen Zeit, wo er bezahlt werden muss, kostet.

Allerdings Frau Müller, führen wir den Apparat nur vor, wenn die Männer zu Hause sind, denn die Vorführung ist unverbindlich und kostenlos und wir möchten nicht den Eindruck erwecken, der Hausfrau in Abwesenheit des Mannes etwas aufschwätzen zu wollen.

Ausserdem hat ein Mann etwas mehr technisches Verständnis und kann uns auch, wenn Sie sich den Kobold noch nicht zulegen, in Ihrem Bekanntenkreis empfehlen.

Wann kommt Ihr Mann nach Hause, Frau Müller? Um 6 Uhr. - Gut Frau Müller, ich komme zwischen 1/2 7-7 Uhr vorbei.

Auf Wiedersehen Frau Müller!"

(Werbetext in Verbindung mit einem Anleitungsheft für die Kobold-Vertreter, 30er Jahre)

„Es ist zwecklos, die Hausfrau beim Werben zu einem Kauf überrumpeln zu wollen. Sie muß davon überzeugt werden, daß es sich lohnt, den Kobold einmal anzusehen. Daß diese Überzeugung in einigen Minuten nicht erreicht werden kann, weiß jeder aus eigener Erfahrung. Bei der Werbung müssen wir

1. das Interesse der Hausfrau wecken
2. ihre Neugier anregen
3. ihre Sympathie erwerben
4. ein festes Versprechen zur Vorführung erringen
5. sie zum Nachdenken zwingen."
(Kobold-Nachrichten, 1939)

Der Direktvertrieb war und ist der konsequenteste Weg für den Verkauf eines erklärungsbedürftigen Produktes. In der Vorführung zu Hause konnte der Vorwerk-Kobold seine Vorzüge beweisen und entwickelte sich innerhalb weniger Jahre vom Ladenhüter zum meistgekauften Handstaubsauger in Deutschland. In über 65jähriger täglicher Erfahrung wurde diese Vertriebsidee zum umfassenden Service-System entwickelt. Vorwerk kommt durch seine geschulten, sachkundigen Fachberater nach wie vor direkt zum Kunden in die Wohnung. Mit Kompetenz und seriösem Auftreten gewinnen die Fachberater Menschen spontan für sich - und machen sie zu zufriedenen Kunden. Seine Unterschrift unter den Kaufvertrag ist nicht das Ende, sondern der Anfang einer dauerhaften Beratung, die durch die regelmäßigen Besuche der Fachberater nie abreißen kann.

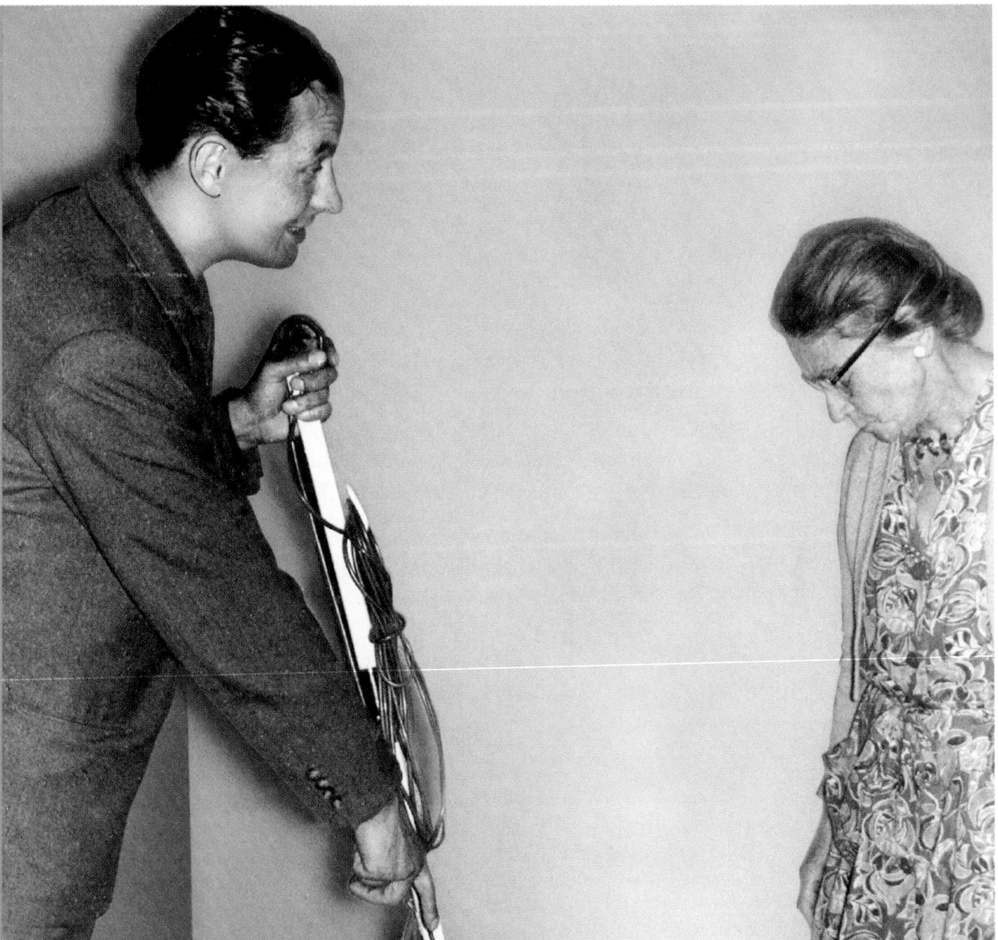

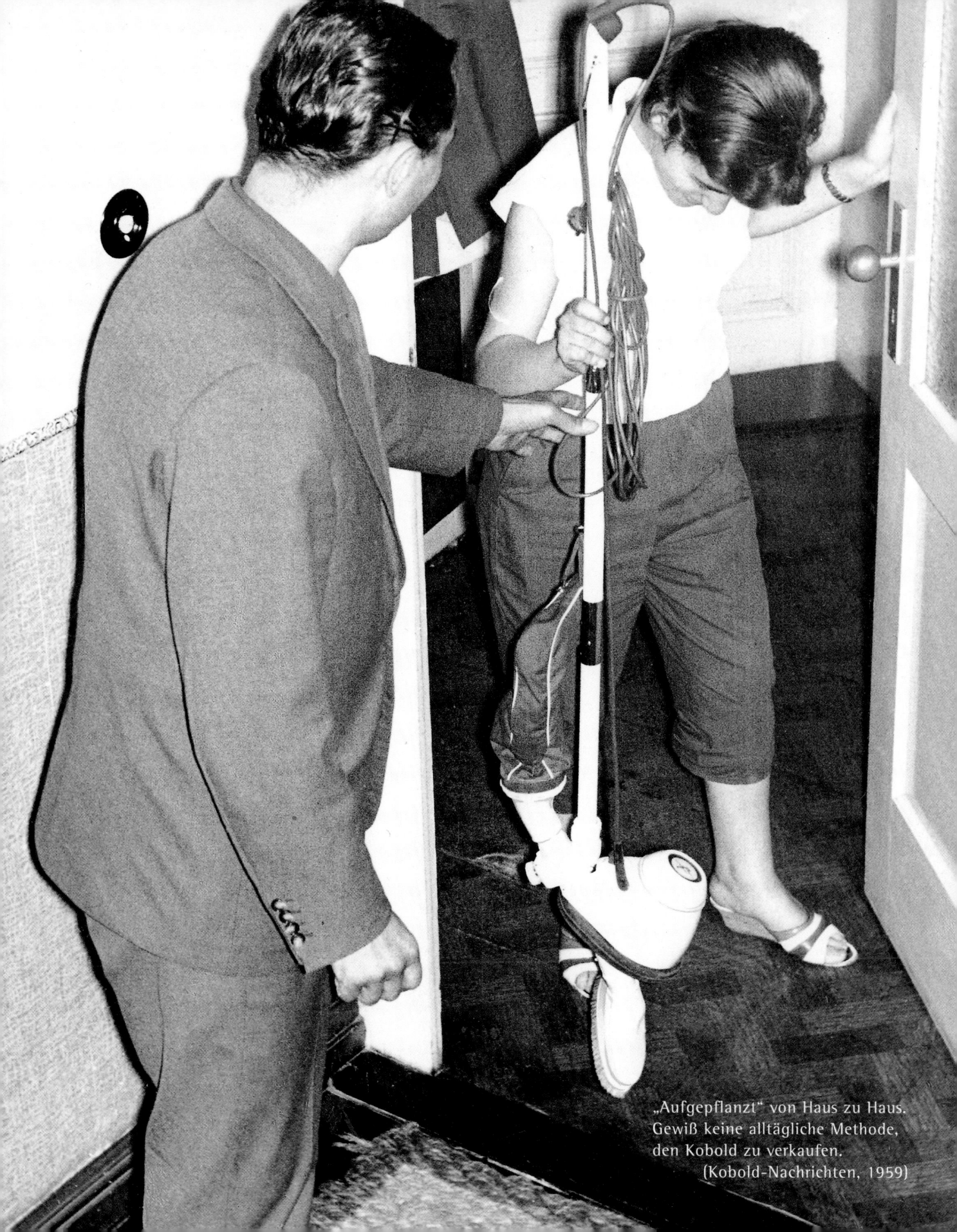

„Aufgepflanzt" von Haus zu Haus.
Gewiß keine alltägliche Methode,
den Kobold zu verkaufen.
(Kobold-Nachrichten, 1959)

„Kehraus in der Tasche zum Jahreswechsel.

Eine gute Gelegenheit sich der oft allzu stiefmütterlich behandelten Vorführungstasche anzunehmen ist der Jahresanfang mit seinen guten Vorsätzen. Sehen wir uns doch einmal eine solche Tasche an:

'Das ist das neueste Modell des Kobold', verkündet der Vertreter, und man muß es ihm schon glauben, allerdings sieht das Gerät nicht danach aus. Zerschrammt, abgestoßen und blind wird es aus der Tasche hervorgeholt. Alles liegt wie Kraut und Rüben durcheinander. Orderbücher und Prospekte dazwischen, eine Mappe erscheint, grau und büttenberandet und von ehrfurchteinflößendem Alter.

Warum benutzen manche Vertreter nicht gleich einen Rucksack für den Transport des Gerätes? Ein Rucksack trägt sich doch viel bequemer! -

Jede Ware, die der Kunde vorgelegt bekommt, soll doch erst einmal begeistern und ihm gefallen. Also nehmen Sie ihr Gerät so aus der Tasche, daß Sie sich damit sehen lassen können und einen guten Eindruck machen.

Halten Sie Kehraus zum Jahreswechsel, schütten Sie alles um und aus, und erneuern Sie all das, was Ihrer kritischen Prüfung nicht standhält. Was bisher durcheinander im Tascheninnern ruhte, wird nach einem bestimmten System geordnet, immer die Gegenstände zu unterst, die wir zuletzt brauchen. Vergaser und Heißluftdusche in saubere Staubtücher gehüllt und der Motorkopf in ein größeres Flanelltuch, damit die Teile sich nicht gegenseitig verschrammen. Die alten schmutzigen Prospekte und Mappen mit Fingerabdrücken werfen Sie raus. Lassen Sie sich neue geben. Einen Schnellhefter kaufen Sie sich für 10 Pfennig, den Sie aber alle 4 Wochen erneuern müssen.

Das Vorführungsgerät ist das Schaufenster des Vertreters, und deshalb muß dieses Schaufenster auch stets tadellos aufgebaut sein, soll es seinen Zweck erfüllen.

Also pflegen Sie Ihr Gerät wie der Soldat sein Gewehr!

Ergänzen Sie aber auch Ihre Tasche mit jenen kleinen Hilfsmittel, die Sie zum Erfolg brauchen.

Wir wollen Sie Ihnen nennen:

1. Ein weiches Flanelltuch als Unterlage für den Tisch; denn wenn Sie schon bei der Kundin ein Andenken hinterlassen, so tun Sie das nicht in Gestalt von Schrammen und Kratzern auf der hochglanzpolierten Tischplatte, sondern mit einem Prospekt.
2. Zwei besondere Staubtücher zum Reinigen von Saugstutzen und Tüllen, dann erleben Sie es nicht, daß diese beiden Teile trotz Ihrer Bemühungen nicht auseinander zu bringen sind, weil knirschender Staub dazwischen sitzt.
3. Ein Schraubstecker mit Gewinde für Lampenfassungen. Es gibt immer noch Kollegen, die dieses unbedingt erforderliche Hilfsmittel nicht bei sich führen.
4. Einige Sicherungslamellen und 2 Normalsicherungen, denn wenn Sie einen defekten Schalter vorfinden, können Sie sich damit erstens beliebt machen, und zweitens bringen Sie sich nicht selbst um die einmal schwer erkämpfte Vorführungsgelegenheit.
5. Ein kleiner Schraubenzieher, den Sie zum Abschrauben des Schaltdosendeckels bei Sicherungsdefekt benötigen.
6. Ein Wäschesprenger mit Kartoffelmehl zur Vorführung des Bohners. Weißen Staub sieht man besser als grauen.

So ausgerüstet sollte jeder von uns das Rennen des Jahres 1936 beginnen und keine Möglichkeit außer Acht lassen, die ihm zum Erfolg verhelfen kann."
   (Kobold-Nachrichten, Dezember 1935)

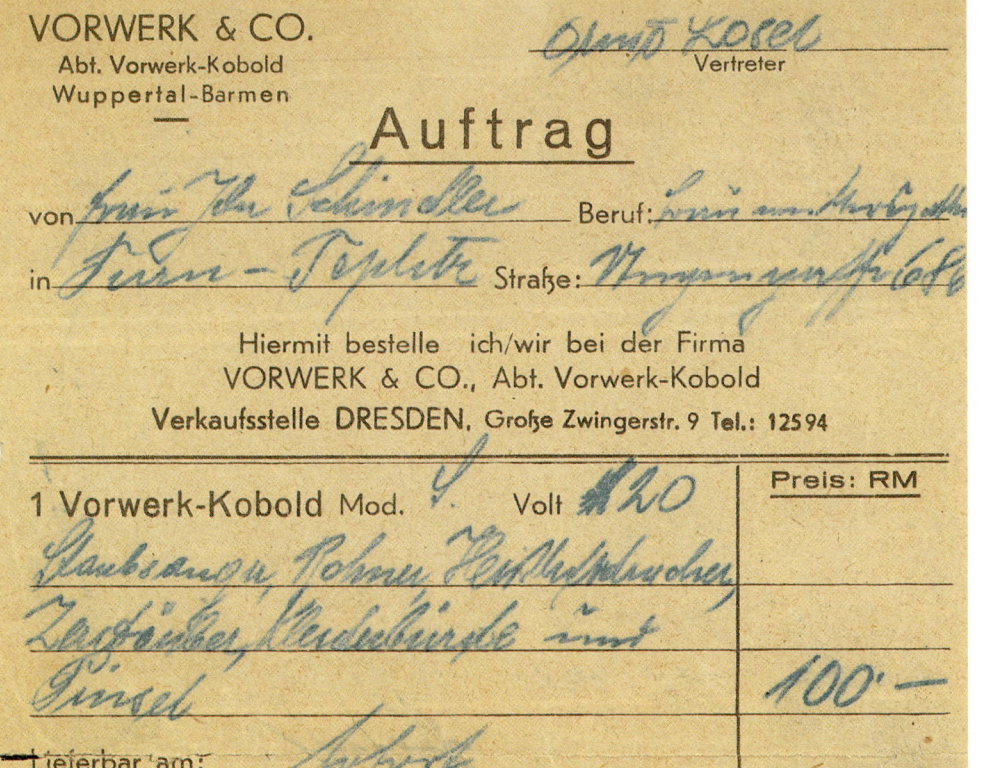

In Städten, in denen Elektrizitätswerke die Finanzierung sicherten,
richtete Vorwerk Verkaufsstellen ein.
Das erste Ladenlokal wurde 1931
in Köln eingerichtet; bis 1935
folgten Einrichtungen in weiterer
19 Städten.

Die Zahl der Berater war bis 1955
auf 2.000 gestiegen. Allein in
Deutschland sind heute fast 6.000
Vorwerk-Fachberater für
den Bodenpflegebereich tätig.

„Der Beruf des Staubsaugervertreters ist nicht leicht. Er stellt
hohe Ansprüche an den Charakter,
an den Fleiß, an die Ausdauer
und das Gedächtnis."
(Kobold-Nachrichten, 1938)

Seit 1933 feuern Wettbewerbe
und damit verbundene Prämien die
Fachberater zu erhöhter Leistung
an. Für erfolgreiche Tätigkeit werden sie mit der Kobold-Nadel
ausgezeichnet, die bei weiteren
„runden" Erfolgen mit Edelsteinen
besetzt wird.

Richard Edelmann erhielt als erster
mit weitem Vorsprung im Jahr
1955 die Goldene Nadel mit fünf
Brillanten und Smaragd für 5.000
verkaufte Kobolde.

Werbeblatt, 30er Jahre

Sehr geehrte Hausfrau!

Sie legen Wert darauf, Ihren Haushalt stets in mustergültiger Ordnung zu haben, und Sie wissen, was dazu gehört an Geld, Zeit und Arbeit.

Darum werden Sie sich auch für folgende Gegenüberstellung interessieren:

Die Hausfrau von „gestern",

die nur das Alte schätzt und alles Neue und Fortschrittliche verwirft,

arbeitet	in ihrem Haushalt mit Staubtuch und Besen,
wirbelt	dabei den Staub auf,
verschwendet	ihre Kraft und kostbare Zeit, muß bei der Bodenreinigung in
3 mühevollen	Arbeitsgängen erst reinigen, kehren, wischen, dann auf den Knieen rutschend, wachsen und endlich bohnern. Sie
nimmt	die Bilder von den Wänden und muß die Konsole sowie sonstigen Wandbehang umständlich säubern. Sie
klettert	mit Mühe auf Stühle oder Leitern, um den oberen Teil der Schränke zu entstauben. Sie
erkältet	sich leicht bei der Haarwäsche im Hause, weil die Haare nicht rasch und gründlich genug getrocknet werden,
verzweifelt,	weil trotz aller Anstrengung Motten großen Schaden anrichten u. Fliegen die Gardinen, Lampen usw. verunreinigen. Sie
müht sich ab	beim Ausklopfen der Teppiche, Polstermöbel, Bettvorlagen usw., die zu diesem Zweck umständlich aus der Wohnung geschafft werden müssen. Sie
weiß nicht,	wie man in Wohnräumen und in der Küche, besonders an heißen Tagen, die Luft rasch auffrischen kann.

Aber die Hausfrau von „heute",

die modern ist, und mit der Zeit geht,

hat die genannten Mängel und Mühen längst überwunden, denn sie läßt sich bei ihrer Arbeit helfen von dem

VORWERK-KOBOLD

dem vielseitigen elektrischen Universal-Haushaltgerät. Der Kobold ist

leicht und handlich,
zuverlässig und leistungsfähig, trotz geringstem Stromverbrauch,
sehr preiswert und jederzeit hilfsbereit.

Sollten Sie den Kobold noch nicht kennen, so lassen Sie sich ihn bitte vorführen. Das ist kostenlos und völlig unverbindlich für Sie.

Sprechen Sie auch bitte mit Ihrem Herrn Gemahl hierüber und bestimmen Sie, wann wir Sie besuchen dürfen.

Es wird Sie interessieren, wie der Kobold arbeitet und was er alles leistet.

Mit Deutschem Gruß!

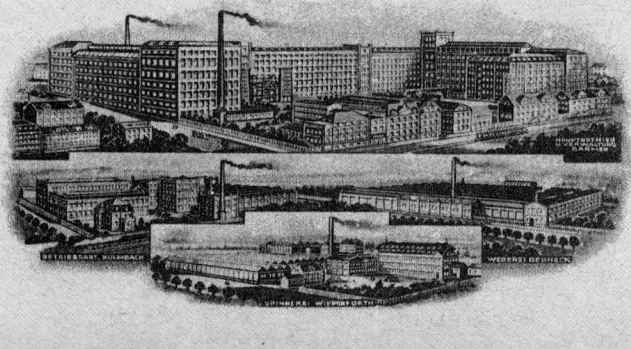

VORWERK & CO.
Abteilung Vorwerk-Kobold
Verkaufsstelle:

Freiburg i. Br.
Adolf Hitlerstr. 203 Tel.: 1513

Ganz im Sinne der schon 1935
geschaffenen Einrichtung des Kunden-
pflegers gehören regelmäßige
Hausbesuche zu einer Reihe von Maß-
nahmen von Vorwerk im Interesse
des Kunden.

Eigene Werkstattwagen garantieren
schnellste Pflege und etwa erforderliche
Reparaturen der Geräte - natürlich
auch in der Wohnung des Kunden.

Blumen schmückten den 100. Kunden-
dienstwagen am 12. April 1962.

Der Vorwerk-Kobold war schon zu Beginn der 30er Jahre ein Staubsauger mit vielseitigen Verwendungsmöglichkeiten, entstanden durch Zusammenarbeit von Teppichfachmann und Maschinenkonstrukteur.

„Wichtiges zur Teppichreinigung:

Wir wissen, daß gerade bei der Teppichreinigung am meisten im Haushalt gesündigt wird. Manche Hausfrauen bearbeiten ihren Teppich mit scharfen Bürsten, andere wieder glauben, daß Sauerkraut oder Schneeklopfen das einzige Mittel ist, und wieder andere schwören auf häufiges, recht starkes Klopfen.

Das richtige Mittel, einen Teppich wirklich zu reinigen und doch zu schonen, ist die Behandlung mit dem Vorwerk-Kobold, aber nur 'mit dem Strich'.

... Wenn der Teppich gewebt ist, stehen die einzelnen Wollbüschel nach einer Seite ... Die Lage der Wollfäden bestimmt also den Strich des Teppichs. Sie werden jetzt sehr schnell erkennen, daß ein dauerndes Hin- und Herbewegen der Wollbüschel automatisch ein Abbrechen der feinen Wollfäden und damit ein Beschädigen des Teppichs hervorruft. Genau so wie Sie einen Zylinderhut nach einer Richtung bürsten, dürfen Sie Ihren Teppich nur nach einer Richtung bearbeiten."

(Prospekt, 30er Jahre)

VOM UMGANG MIT DEM KOBOLD

„Vorwerk ist sich mit den Hausfrauen darüber einig, daß ein Staubsauger leicht sein muß. Darum hat er den Kobold von allem Ballast befreit. Und mit dem Ballast sind auch die hohen Herstellungskosten gefallen. Der teure Metallschlauch, das umständliche Fahrgestell und der massive Staubtopf fehlen - alles Teile, die man zum gründlichen Staubsaugen nicht mehr braucht." (Prospekt, Anfang 30er Jahre)

Neben den nach den Gebrauchsanweisungen vorgese-
henen Anwendungsmöglichkeiten „erfanden" pfiffige
Hausfrauen und -männer weitere Betätigungsfelder
für den Kobold.

In Erlangen erweiterte ein findiger Nachbar mit seinem
Vorwerk-Kobold gar 1957 die Praxis der Polizei um
einen ungewöhnlichen Fall. Diese sollte einen unbe-
kannten Täter suchen, der boshafterweise in einem
Gemüsebeet Grassamen ausgestreut hatte. Nach
anfänglichem Lächeln waren die Polizisten ernsthaft
bei der Sache; erst mit Hilfe des Kobold konnten die
Samenkörner aus dem Beet entfernt werden!

Um den Kobold als Blasapparat zu benutzen, mußten Staubbeutel und Tülle vom Handgriff abgenommen werden. Die Düse wurde nun entweder als Handgriff oder als Fuß zum Aufstellen an den Motorkopf angeschraubt. Nun erzeugte der Apparat Kaltluft. In ein nasses Tuch gewickelte Getränkeflaschen konnten in ihrem Luftstrom gekühlt werden. Mittels auf den Handgriff aufgeschobener Heißluftdusche wurde die Luft zum Trocknen erwärmt.

„Durch den doppelten Filter in der Heißluftdusche und durch die Anordnung der Heizwiderstände ist ein absolut hygienisches Arbeiten gewährleistet." (Prospekt, 30er Jahre)

„Schieben Sie die beiden Stielhälften so ineinander, daß die Kerbe am Ende des oberen Rohrteils genau über dem farbigen Pfeil des unteren entlanggleitet, bis die Stielteile fest haften. Stoßen Sie den Stiel mit seinem oberen Ende mehrmals auf eine Holzunterlage auf; damit sind die Stielhälften unlösbar miteinander verbunden."

(Prospekt, 1961)

„Zum Einmotten Zerstäuber-Kapsel mit Mottalin füllen und Kappe wieder aufsetzen. Schaltet man nun die Maschine ein, wird das Mottalin durch die von außen einströmende Luft vergast. Der dem Stutzen entweichende Luftstrom wirkt desinfizierend. Zum Einmotten von Kleidungsstücken empfehlen wir das Zerstäuben unseres Mottalin. Der Schrank wird zunächst von Kleidungsstücken freigemacht und vergast (etwa 10 Minuten lang). Dann desinfiziert man jedes einzelne Kleidungsstück, hängt die Kleider wieder in den Schrank und bläst nochmals 10 Minuten lang nach. Es ist gut, wenn man dieses bis zum Herbst 2 bis 3 mal wiederholt, um sich vor Motten zu schützen." (Prospekt, 30er Jahre)

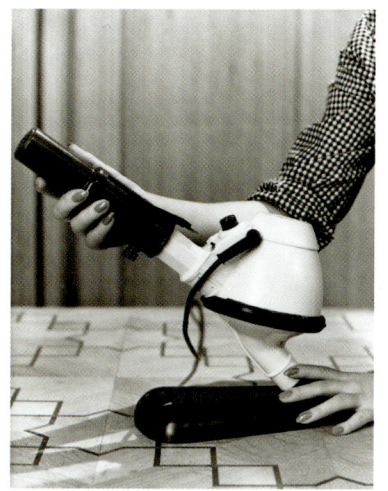

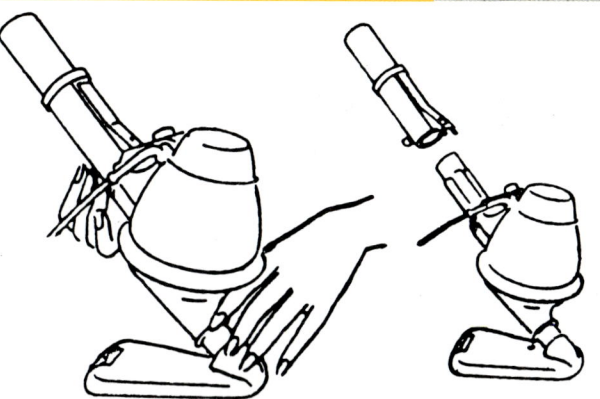

„Nach der Kopfwäsche unter die Trockenhaube. Der bewegliche Schlauch wird über den vorderen Teil der Heißluftdusche geschoben, und unter der federleichten Haube trocknet das Haar angenehm, gleichmäßig und schnell. Besonders für Kinder erweist sie sich als nützlich, da sie verhindert, daß sich die Kleinen mit noch feuchtem Haar einen Schnupfen holen." (Prospekt, 1957)

„Zum Parfümzerstäuben Schwämmchen mit Parfüm oder Arodesin anfeuchten und in den unteren Teil des Behälters legen. Wir empfehlen Ihnen unser Arodesin, das eine a r o - matische und d e s i n - fizierende Wirkung hat." (Prospekt, 30er Jahre)

„Die verschiedenen, rasch auswechselbaren Düsen sind aber noch nicht alles. Sie können sich die Arbeit mit dem Handapparat noch erleichtern, indem Sie Staubbeutel, Motorkopf und Düse durch eine seitliche Drehung nach links oder rechts in die Stellung bringen, die Ihnen am bequemsten ist." (Prospekt, 1958)

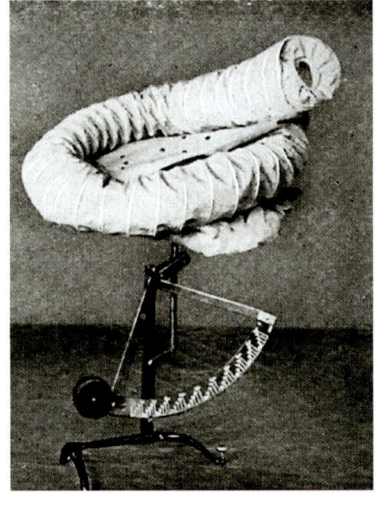

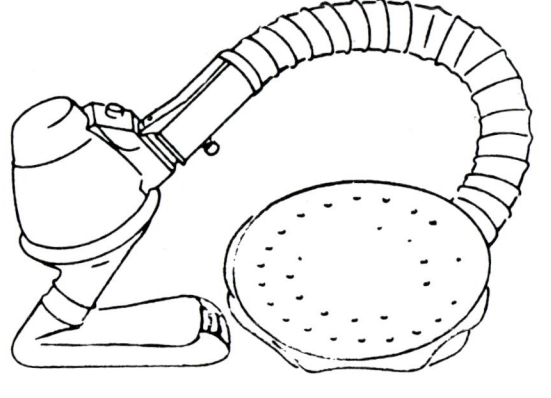

„Der Staubbeutel besteht aus zwei Teilen: dem eigentlichen Beutel mit dem Ring und der Tülle. Diese Teile sind konisch und werden durch eine leichte Drehung nach rechts miteinander verbunden bzw. durch eine Linksdrehung auseinander genommen. In der gleichen Weise kann auch die Tülle auf dem Handgriff befestigt oder abgenommen werden. Zur Entleerung dreht man den Staubbeutel von der auf dem Handgriff festgesteckten Tülle ab (mit der linken Hand die Tülle festhalten und mit der rechten Hand den Staubbeutelring nach links drehen). Dann drückt man die Öffnung mit dem Ring fest auf einen Bogen Papier und schüttelt den Beutel tüchtig aus. Es ist darauf zu achten, daß die Innenseite des Staubbeutelringes stets mit einem Tuche gesäubert wird, bevor man den Beutel wieder auf die Tülle steckt. Dadurch wird ein Festklemmen des Beutels vermieden. Sollte dies infolge Nichtbeachtung vorstehenden Hinweises doch einmal vorkommen, so ist der Staubbeutelring mit einem Schlüssel ringsherum leicht zu beklopfen, bis sich der Ring wieder lockert."
(Gebrauchsanweisung, 30er Jahre)

„Achten Sie darauf, daß Sie den Zerstäuber auf das Griffrohr des Motorkopfes stecken. Der Ansaugstutzen wird
jetzt zum Handgriff.

Nach Einschalten des Motors sprüht
der Zerstäuber erst, wenn man mit dem
Daumen die Öffnung an der Oberseite
des Zerstäuberkopfes verschließt.
Der Strahl läßt sich in seiner Stärke re-
gulieren: Bei festem Daumendruck
sprüht der Zerstäuber am stärksten;
bei leichterem Daumendruck wird der
Strahl schwächer. Je nach Art des
Spritzmittels verwendet man eine der
drei Düsen mit verschieden großer
Bohrung."   (Prospekt, 1961)

Ende der 50er Jahre gab es einen neuen Staubbeutel und Papierfilter zum Kobold.

„... Jetzt ist der >Kobold< wirklich zu einem erstklassigen Gerät geworden. Die Hemmungen, die früher beim Ausleeren des alten Staubbeutels auftraten, sind durch die Papierfilter restlos beseitigt worden. Jede >Kobold<-Kundin wird Ihnen für diese wertvolle Verbesserung dankbar sein." (Kunden-Zuschrift, 1959)

„... Heute benutzen Sie die hygienischen Papierfilter und kommen mit Staub und Schmutz nicht in Berührung. Schieben Sie den Staubbeutel ein wenig zurück, so daß Sie den Pappring des Filters drehend vom Stutzen abziehen und den gefüllten Papierfilter in den Mülleimer fallen lassen können. Werfen Sie dabei einen Blick auf die Beuteltülle und den Rückschlag-stutzen, ob auch diese Teile frei von Schmutz und Staub sind." (Prospekt, 1961)

„Mindestens einmal wöchentlich sollte der Staubbeutel entleert werden. Man nimmt den Staubbeutel vom Griffrohr ab und schraubt die Tülle los. Den groben Schmutz entleert man ... behutsam in den Mülleimer. Den feinen Staub entfernt man durch leichtes Schütteln über einem Bogen Zeitungspapier, wobei der Schraubring ... mit einer Hand am Boden festgehalten wird."
(Prospekt 1957)

„Sie brauchen nur noch den Stecker
am Kabel in eine Steckdose zu
führen und durch einen Druck auf den
oben am Motorkopf befindlichen
Druckschalter den Strom einzuschalten."
(Prospekt, 1953)

Fotomeister Jäschke aus Reutlingen
hatte 1960 eine originelle Idee:
der Kobold saugte in seinem Labor die
Hitze am Vergrößerungsgerät ab.

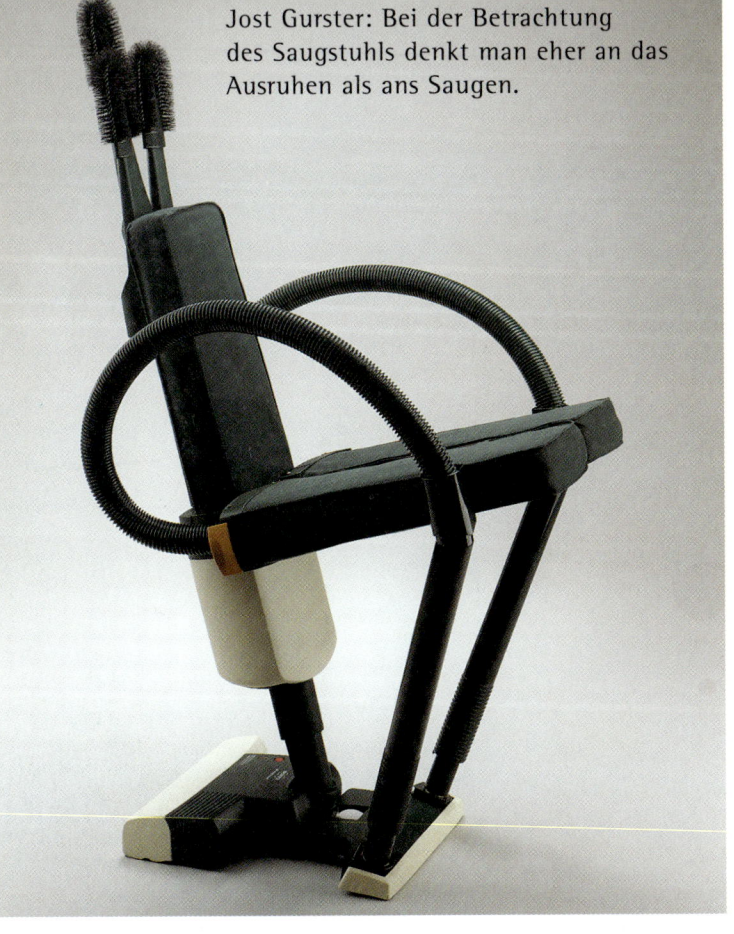

Jost Gurster: Bei der Betrachtung des Saugstuhls denkt man eher an das Ausruhen als ans Saugen.

Hassan Hashemi Dehkordi: Besonders Perserteppiche brauchen wegen ihrer hohen Qualität auch eine außergewöhnliche Pflege: Vorwerk-Staubsauger.

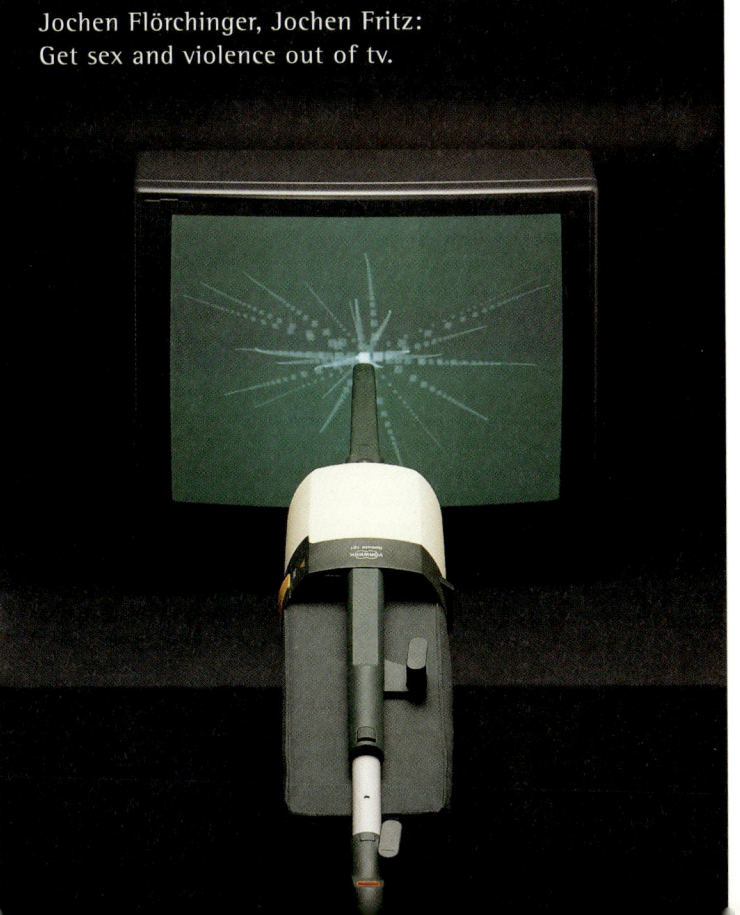

Jochen Flörchinger, Jochen Fritz: Get sex and violence out of tv.

Jutta Koch: Ist der Teppich arg besudelt, mit Mc For Work wird es weggedudelt.

Anläßlich der Produktion ihres
50millionsten elektrischen Haushaltsgerätes, einem Kobold, bat Vorwerk & Co.
im Jahre 1989 Studierende der
Fachrichtung Kunst der Bergischen
Universität - Gesamthochschule
Wuppertal unter dem Motto „Übungen
im spielerischen Umgang mit einem
Staubsauger", etwas mit dem Kobold
anzustellen, was ihnen Spaß macht.
Das Ergebnis waren recht unterschiedliche Arbeiten, die zeigen, welche
vielfältigen Assoziationen man mit
dem Kobold verbindet.

Nach Gebrauch des Kobold ist dieser
leicht aufzubewahren. „Saugmaschine
und Bürste kommen ins Schubfach und
der Stiel in die Ecke, oder Sie hängen
den ganzen Staubsauger samt Stiel -
dann also gebrauchsfertig - in den
Schrank."   (Faltblatt, 30er Jahre)

„Wo immer Sie Ihren 'Vorwerk-Kobold'
auch aufbewahren, stellen Sie ihm
bitte ein trockenes Quartier zur Verfü-
gung. Auf keinen Fall darf der
Beutel 'klamm' werden, da die Saugkraft des Gerätes darunter leidet."
                        (Prospekt, 1958)

ALL OVER THE WORLD

Der Kobold wurde den Kunden auf Messen und Ausstellungen vorgeführt, unter anderem 1936 auf der „Deutschland-Ausstellung" in Berlin anläßlich der Olympiade. Seit Beginn der 30er Jahre hatte Werner Mittelsten Scheid zudem versucht, im benachbarten Ausland den Export des Kobold aufzubauen.

Nach 1948 ergoß sich eine wahre Flut von Messen und Ausstellungen über Westdeutschland. Die Notwendigkeit, wieder verkaufen zu müssen, und die Freude des Publikums, wieder frei wählen zu können, haben wohl in gleichem Maße dazu beigetragen. Der Vorwerk-Kobold erschien auf fast allen diesen Veranstaltungen und nahm damit eine gute alte Gewohnheit aus den 30er Jahren wieder auf. Die Wirkung dieser Messen ging weit über den Augenblick hinaus. Viele Menschen kamen an den Ständen vorbei und wurden auf das Gerät hingewiesen. Ihr Wunsch, dieses Gerät zu besitzen, war geweckt - hier fiel die Entscheidung zu einer Vorführung in den eigenen vier Wänden.

Die Messen brachten dem Kobold-Stand bereits Anfang der 50er Jahre lebhaften Ausländerbesuch. Der Wert neuer Verbindungen stellte sich erst später heraus. Aber dies wurde deutlich: Der Kobold hatte auch auf das Ausland eine zunehmende Anziehungskraft. In verschiedenen europäischen Staaten gründete Vorwerk seit den 50er Jahren Tochtergesellschaften oder richtete Vertretungen ein; auch in Übersee erfolgte der Vertrieb des Kobold bald durch Verkaufsbüros. Bis nach Amerika und Südwestafrika gelangte die vielseitige Haushaltshilfe. Vorwerk-Geräte gehen seitdem hinaus in alle Welt.

Messestände von Vorwerk-Italien (Folletto = Kobold), 1958 und Ende der 60er Jahre

Ovnspuss uten støving
og soting

Spar lungene — de kan ikke konkurrere
med Kobold-blåseren

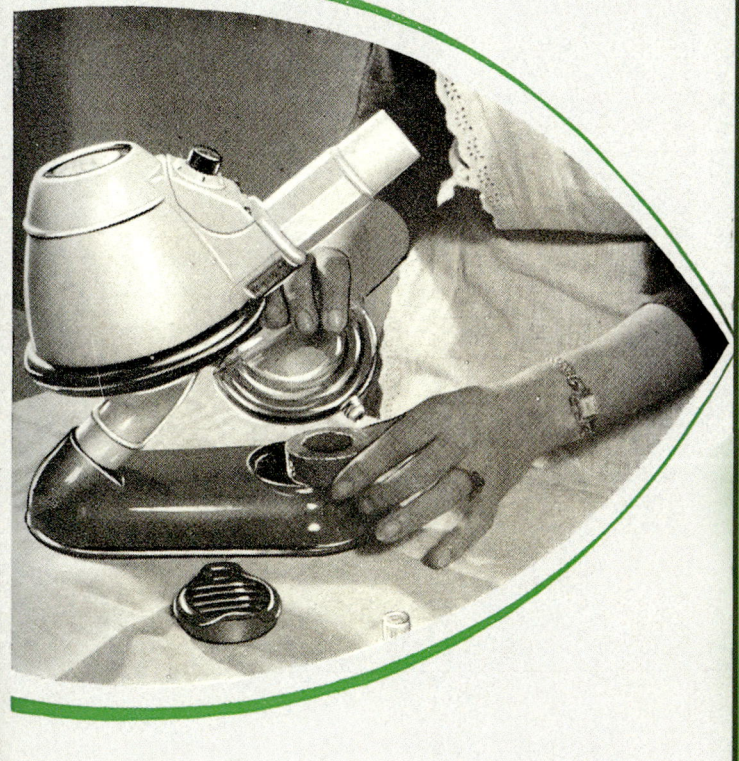

Noen dråper eau de cologne i blåseren gir
god luft i værelset på noen sekunder

Forstøvningssprøyten gir blomstene den
fineste dusj De kan ønske Dem

Blås varmluft mot islagte vindusruter

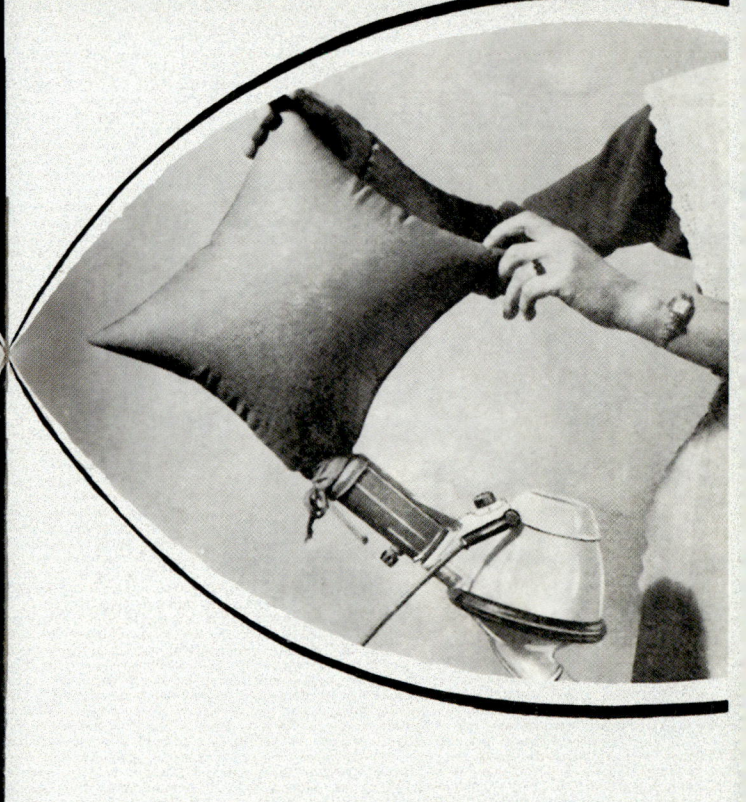

Med varmluftblåseren renser De fjær på fagmessig vis

Bilmotoren blir fri for olje og skitt (Bruk white spirit)

Mellom stolrygg og sete glir spesialmunnstykket godt inn

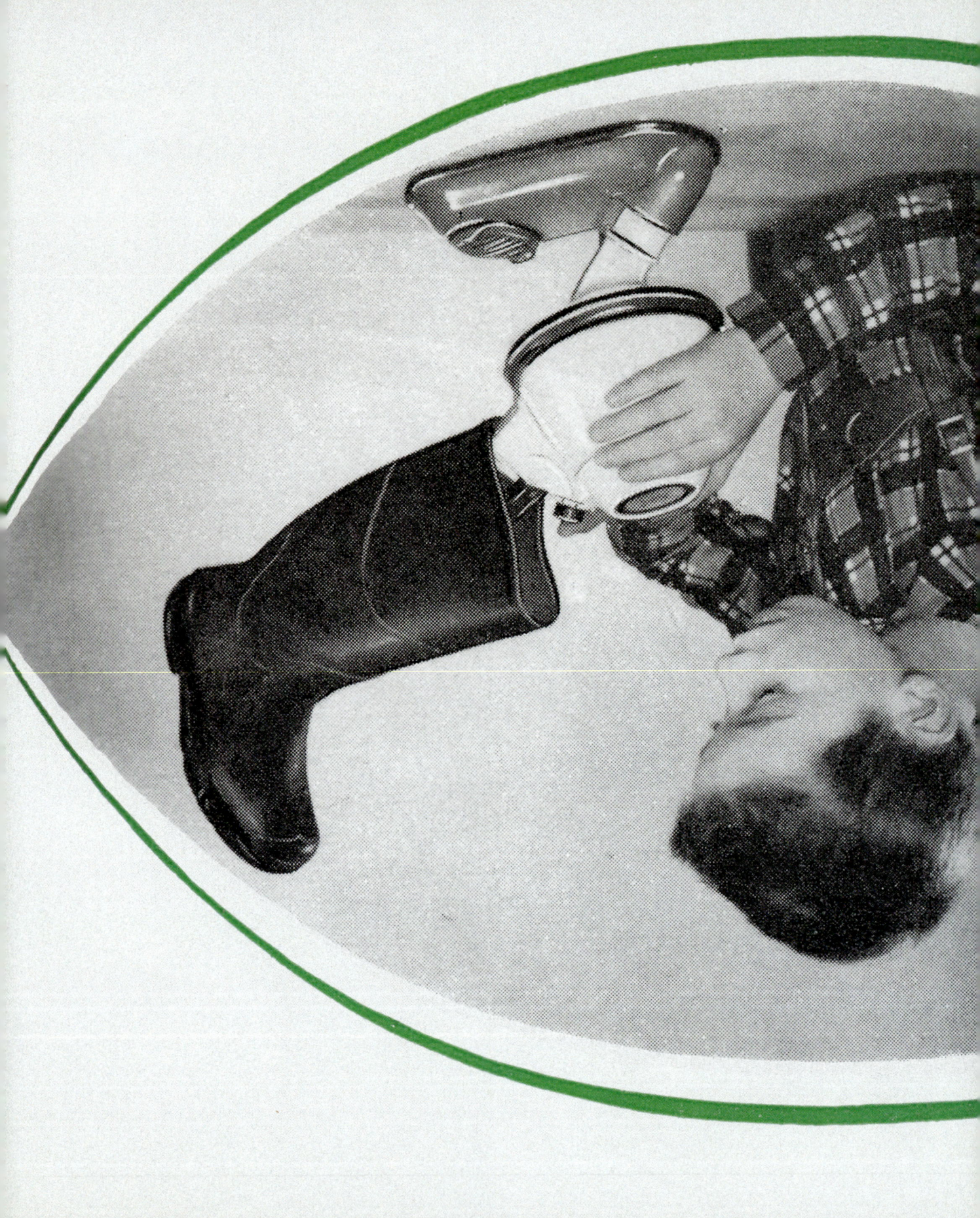

„Kobold - ganz herrlich!" Mit diesem Ausruf antwortete 1952 ein Mann in Nairobi auf die Frage, wie ihm der Kobold gefalle.

„Kobold-mzūri kabissa!"

Die Japaner bezeichnen die Produkt-
palette von Vorwerk als „Kobold".
Die Hauptbedeutungen der drei chine-
sischen Schriftzeichen mit denen
das Wort auf japanisch geschrieben
wird, sind:

„ai – yo   sha"
(love) (use) (person)

愛用者

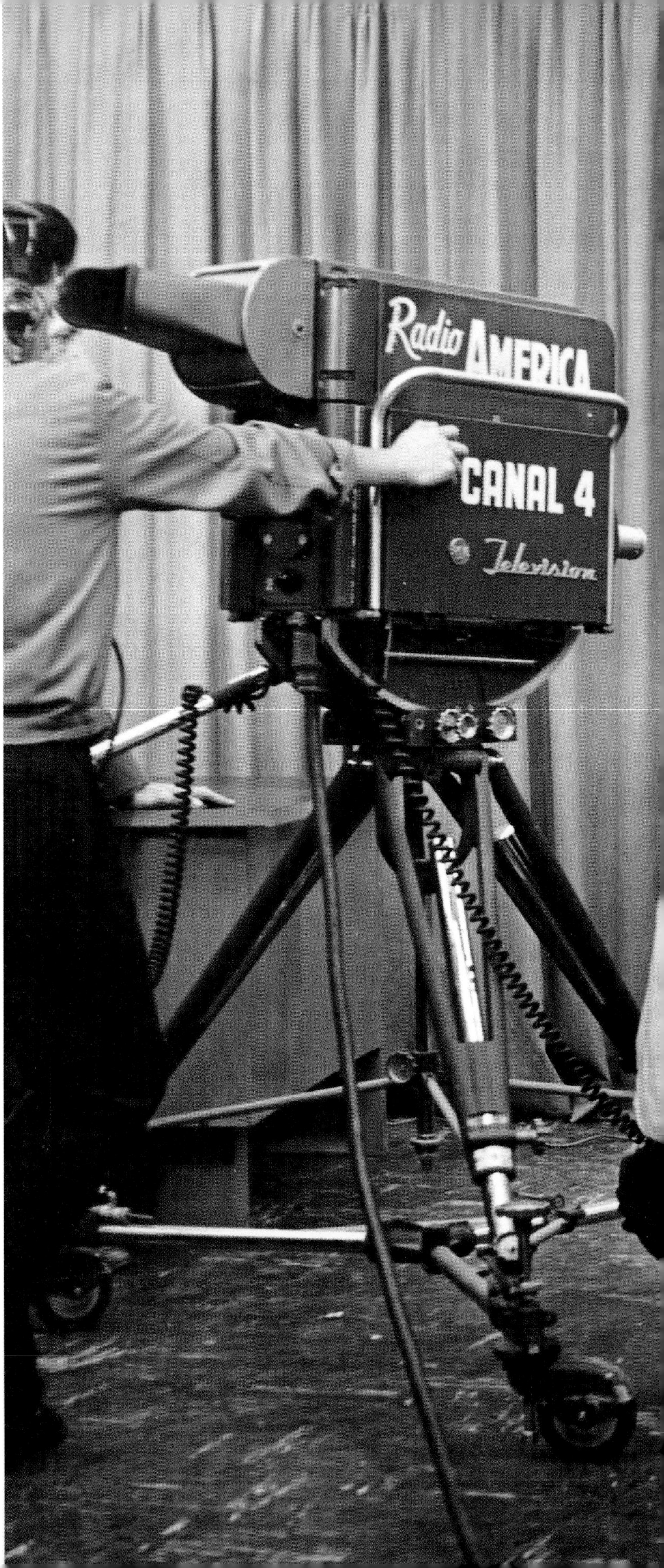

el show de renny
Un programa de *Radio Caracas Televisión*

In Lima (Peru) und in Caracas (Venezuela) stellten die Vorwerk-Vertretungen hin und wieder den Kobold und die Vertreter der Öffentlichkeit im Fernsehen vor.

el show de renny
Un programa de *Radio Caracas Televisión*

Abschlußszene des Fernsehprogramms
„Was uns alle angeht", 1959.
Die Gewinnerin eines Fernsehwett-
bewerbs erhielt von dem beliebtesten
Conferencier Venezuelas einen
Kobold überreicht.

Trotz ständiger technischer Weiterentwicklung ist Vorwerk stets behutsam mit dem Design des Kobold umgegangen. Der Kunde sollte auch ein neues Modell an seinem Äußeren als Vorwerk-Staubsauger erkennen. Die Produktion des bereits vor dem Krieg produzierten Modell S wurde nach 1945 unverändert wieder aufgenommen. Sein Nachfolgemodell, das Modell 52, behielt zwar die dunkle Farbe bei, jedoch wurde die Form des Motorkopfes erstmals vielfältig verändert. Bald darauf, mit dem Modell 53, tauchten erstmals die heute traditionellen Vorwerk-Farben grün und weiß auf. Dieses „klassische Design" bestimmte das Bild des Kobold während der nächsten zwanzig Jahre.

Zum Modell 114 kam 1959 die ET 1, die erste Elektroteppichbürste in Europa.

Mit dem Vorwerk Kobold 118 sowie einer neuen Elektroteppichbürste erhielt der bekannte Kobold 1977 ein neues Aussehen, das seitdem nicht mehr wesentlich verändert wurde.

Der neue VK 130 markiert nun einen Wendepunkt, vergleichbar dem Wechsel bei VW vom Käfer zum Golf. Die Vorwerk-Designer wollten nicht alles Hergebrachte über Bord werfen, sondern die Kobold-Typik erhalten. Der heutige Kobold ist entstanden aus der Zusammenarbeit vieler Vorwerk-Mitarbeiter; niemand hat im Stillen gebrütet. Mit dem Kobold 130 und der Elektrobürste 350 schufen sie einen Generationswechsel, der neue Dimensionen eröffnet.

UND EWIG SAUGT DER KOBOLD

1930	Vorwerk bringt den Kobold Modell 30 auf den Markt
1935	Verkauf des 100.000sten Kobold
1937	500.000 Kobolde gefertigt
1953	Feier zum millionsten Kobold
1961	Produktion des 5.000.000sten Vorwerk-Staubsaugers
1973	Vorwerk-Kobold erreicht die 10 Millionen-Marke
1989	50millionstes Elektrogerät gefertigt - ein Kobold

Ron Meier: Ich wollte nun das zur
Zeit aktuelle und moderne
Staubsaugermodell zu einem antiken
Fundstück machen, besser noch:
zu einem wertvollen, archäologischen
Fund. (1989)

In Kooperation mit Vorwerk Folletto
wurden die „Schätze" im Museum
Leonardo da Vinci in Mailand 1995
vom Staub der Jahre befreit.

Jubiläumsfeier 1953:
der Millionste Kobold

Die beiden Söhne von
August Mittelsten Scheid,
Werner und Erich (vordere
Reihe, 4. und 5. v. l.), im
Kreise einiger Mitarbeiter bei
der Feier anläßlich des
500.000sten Kobold, 1937.

Ist das Haus auch noch so klein, sauber muß es dennoch sein!

... aber auch für's größte Haus reicht der

VORWERK·KOBOLD

aus!

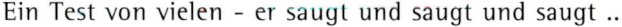

Ein Test von vielen – er saugt und saugt und saugt ...

Vom Standesamt zur Kobold-Fertigung.
Das 15millionste Vorwerk-Gerät, ein
Kobold, verließ am 14. Juli 1970
das Fließband. Bernd und Maria Zymni
waren an diesem Tag das einzige
Brautpaar auf dem Barmer Standesamt
- und erhielten von der Firma
Vorwerk den Jubiläums-Kobold als
Hochzeitsgeschenk.

Der Kobold in die Landschaft gestellt.
Im Auftrag von Vorwerk Folletto
eröffneten namhafte Fotografen 1991
überraschende Perspektiven im Umgang
mit dem Kobold.

In den 30er Jahren gab es bereits viele Hausfrauen, die vom Vorwerk-Kobold begeistert waren. Er war „der Liebling aller Frauen" ...

Der Vorwerk-Kobold symbolisiert die Zeit des Wirtschaftswunders, in der man sich wieder Dinge leisten konnte, die lange nicht zu kaufen waren. Die Zuverlässigkeit des Kobold war in den Familien seit den 30er Jahren bekannt; nicht selten wurde der Staubsauger als kostbare Hilfe vererbt. Er galt als Inbegriff für die Elektrifizierung des Haushaltes und seine Qualität hatte zu seiner Verbreitung geführt. Seine Geschichte, seine Herkunft und seine bleibende Qualität machten dieses Produkt auch für nachfolgende Generationen interessant.

Die Zeit nach 1945 brachte für die Deutschen viele Entbehrungen; der Bedarf an Waren für das tägliche Leben hatte sich aufgestaut. Bis man sich wieder einen modernen Haushalt leisten konnte, sollten einige Jahre vergehen. Nach der Währungsreform 1948 verfielen die Menschen dem Angebot der Waren; und der Staubsaugervertreter wurde ein wichtiger Mann, um eine fortschrittliche Entwicklung der Hausarbeit in Gang zu bringen. Die Hausfrau war froh, wenn ihr die Anschaffung eines Staubsaugers gelang. Damit war wieder der erste Schritt in Richtung einer Arbeitserleichterung im Haus getan.

Nach den Entbehrungen der Kriegsjahre wollte man nun das Leben endlich wieder unbeschwert genießen und es sich so angenehm wie möglich machen. Dabei durften natürlich auch die neuesten Errungenschaften der Technik nicht fehlen. Der Kobold, der vielseitige, unermüdliche und offensichtlich heißgeliebte Helfer der modernen Hausfrau, erfreute sich großer Beliebtheit. Vor allem die immer größer werdende Zahl der berufstätigen Frauen war an der Erleichterung ihrer täglichen Hausarbeit interessiert.

Die Verkaufsform des Direktvertriebes förderte den Kult um den Kobold.

ZUFRIEDENE HAUSFRAUEN UND -MÄNNER

Kobold-Hymne, 30er Jahre
(Melodie: O Tannenbaum)

„Der Kobold ist, der Kobold ist,
der Liebling aller Frauen.
Er saugt nicht nur den Teppich rein,
nein, auch zum Bohnern ist er fein.
Der Kobold ist, der Kobold ist,
der Liebling aller Frauen.

Die Heissluftdusch, die Heissluftdusch,
die kann mir sehr gefallen,
sie ist nicht nur zum Fönen da,
nein, wärmt auch noch den Opapa,
die Heissluftdusch, die Heissluftdusch,
die kann mir sehr gefallen.

Der Verdunster ist, der Verdunster ist,
der beste Verkaufsschlager.
Soll'n 30 Mann besoffen sein,
so tu nur Alkohol hinein,
der Verdunster ist, der Verdunster ist
der beste Verkaufsschlager.

Die Fugendüs, die Fugendüs,
ist jarnicht zu vergessen,
für Fugen und für Ritzen klein,
erfüllt sie ihren Zweck allein,
die Fugendüs, die Fugendüs,
ist jarnicht zu vergessen.

Nun haben wir, nun haben wir,
die alte schöne Spritze.
Die Wanzen und die Heimchen jar,
verschwinden ach, so wunderbar.
Nun haben wir, nun haben wir,
die alte schöne Spritze.

Der Bohner schwer, der Bohner schwer,
ist handlich und auch praktisch.
Der Boden sauber blinkt und blitzt,
Du schnell auf Deinem Podex sitzt,
der Bohner schwer, der Bohner schwer,
ist handlich und auch praktisch.

Der Kobold ist, der Kobold ist,
der Liebling aller Frauen.
Sie loben und sie preisen ihn,
und möchten ihn sofort beziehn,
der Kobold ist, der Kobold ist,
der Liebling aller Frauen.

VORWERK HANDELMIJ N.V.

„Das obere Bild zeigt die bekannte
holländische Schlagersängerin Teddy
Scholten. Der Kobold ist in ihrem
Heim zu einem unersetzlichen Helfer
geworden." (Kobold-Nachrichten, 1959)

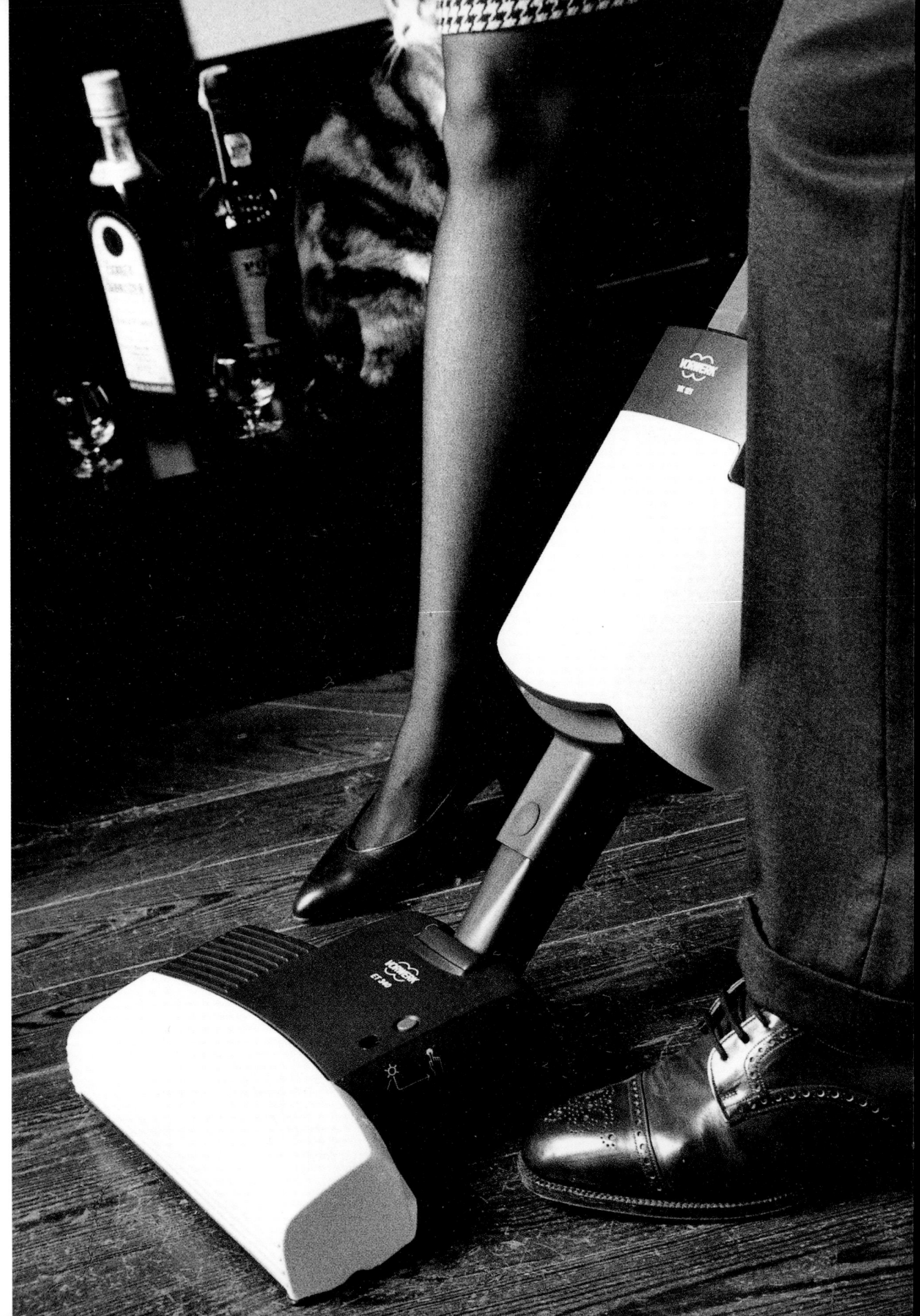

Sölingen - Wald d. 12.12.62

An die Firma Vorwerk.!

Habe seit einiger Zeit Ihre Elecktro – Teppichbürste ET1.

Ich bin richtig glücklich. Gerade in der Bettumrandung setzten sich immer die Fläußchen fest, ich war immer am zupfen. Aber jetzt brauche ich nur mit dem Teppichklopf-sauger drüber zu gehen, und schon ist er schön.

Herzlichen Gruß Frau Gertrud Guggen[illegible]

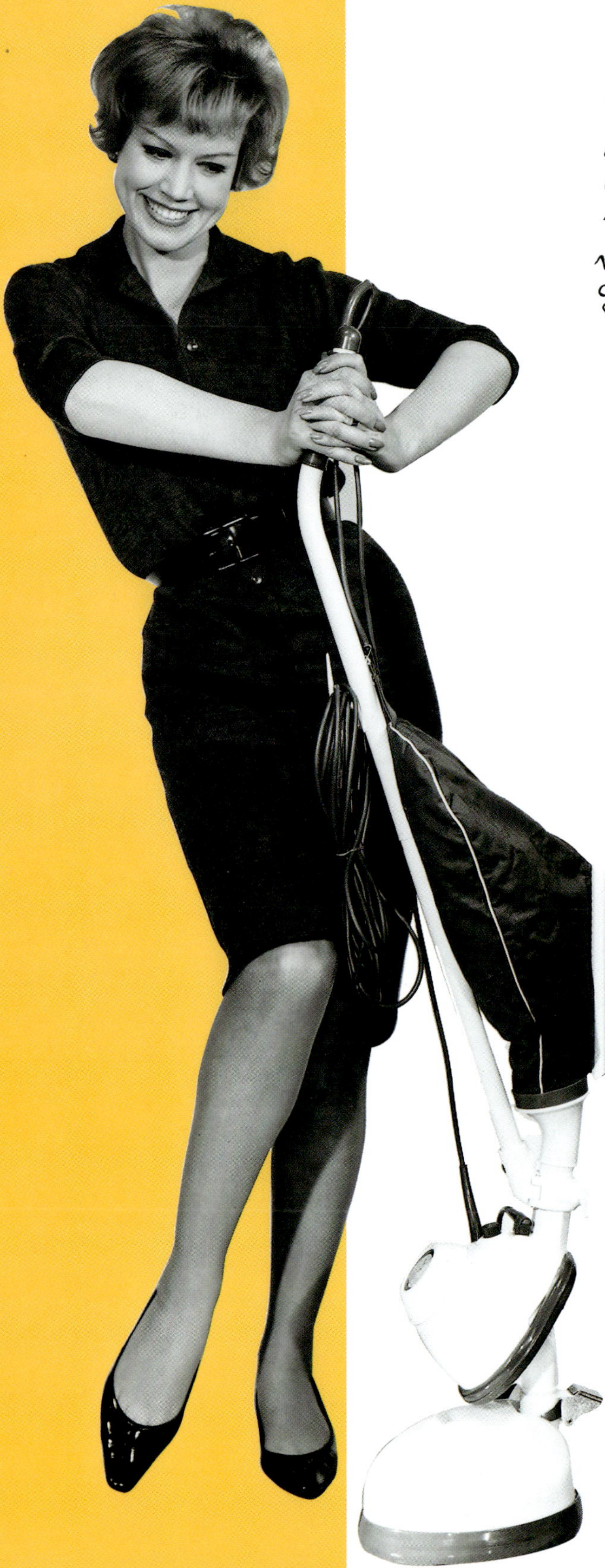

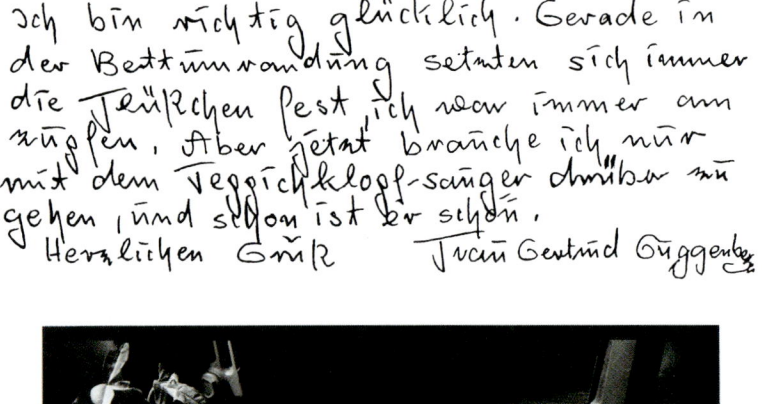

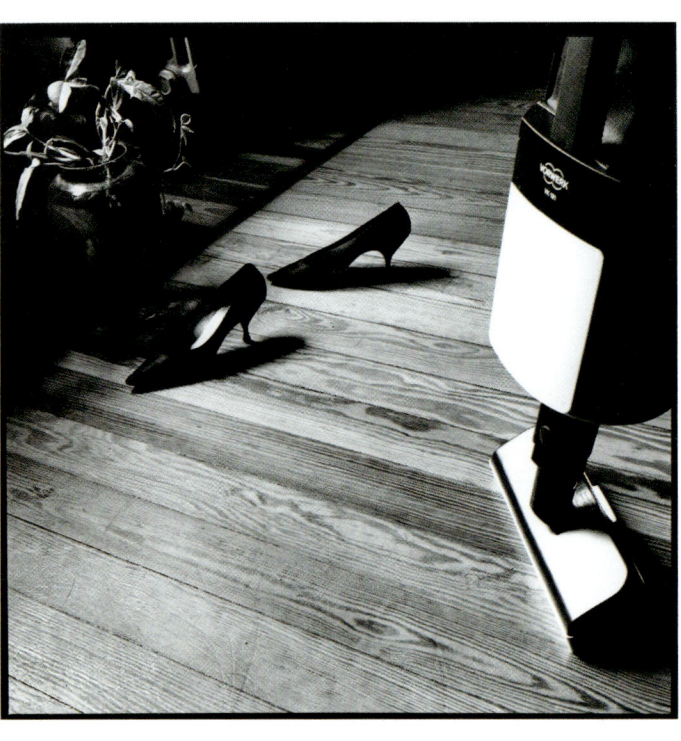

VORWERK & CO.

BARMER TEPPICH-FABRIK   BARMER MÖBELSTOFF-FABRIK   WOLLGARN-SPINNEREI
Telegr.-Adr.: Teppichfabrik   Telegr.-Adr.: Teppichfabrik   Telegr.-Adr.: Vorwerk Spinnerei

MASCHINEN-FABRIK
Telegr.-Adr.: Vorwerk Maschinenfabrik

A. B. C. Code 6 th Edition

Herrn

Werner Fiedler
Zangenberg über Zeitz

Hauptstr. 26

Postscheck-Konto   Fernsprecher
Köln Nr. 5709   Sammelnummer 51801
Reichsbank-Giro-Konto

MASCHINEN-FABRIK
ABT. VORWERK-KOBOLD

WUPPERTAL-BARMEN,   16.2.39
Schließfach

RECHNUNG

Erfüllungsort für Lieferung und Zahlung: Wuppertal-Barmen.
Zahlungsbedingungen: Anzahlung bei Erhalt der Ware — Rest lt. endstehender Aufstellung.

Wir senden Ihnen frei Haus

   durch unsere Verkaufsstelle: Leipzig

1 Universal-Haushalt-Gerät
„Vorwerk-Kobold" Mod. S für 220 Volt
mit Zubehör gem. Ihrer Bestellung vom 8.2.39   RM 118.-

                                     Anzahlung: „ 8.-

                            Restkaufpreis: RM 110.-

      Zahlungstermine:

          10 Raten zu RM 7.-
           5   „ „ „   8.-
         ab 1.4.39

      Wir bitten Sie, die Raten <u>nur</u> an die „Gefi",
Berlin W 9, Hermann Göringstr. 10, Postscheckkonto
Berlin Nr. 69753, zu zahlen. Zahlkarten fügen wir bei.
Schr.

Zahlungen an Vertreter haben keine Gültigkeit.

Der Apparat bleibt bis zur endgültigen Bezahlung unser Eigentum.

Nur für Umsatzsteuerzwecke: In dem Rechnungsbetrag sind RM: 7.05
für Fracht- und Portokosten enthalten.

Gerda Fiedler
z. Z. bei Lilo Paul
Schützengasse 5 a
6101 Biskenbach

Biskenbach 21. 11. 1984

An die Direktion der Firma
Vorwerk u. Co
Wuppertal - Barmen

Anlage:
Betr: Staubsauger "Kobold"
Rechnung vom 16. 2. 1939 ! u. Garantieschein vom 18.2.39

Sehr geehrte Firma!

Ich bin hier auf Besuch bei meiner Cousine wohin ich einmal im Jahr kommen darf. Wir kamen auf das Gespräch von Staubsaugern, da sagte ich, ich habe auch einen kleinen Staubsauger, der mich bis jetzt noch nicht im Stich gelassen hat. Die Firma hieß Vorwerk Wuppertal Barmen "Kobold" — Meine Cousine guckte ins Fernsprechbuch und sagte die Firma besteht noch. Wenn Du das nächste Mal kommst liebe Gerda, bringst Du mal Deine Rechnung mit, und die werden wir der Firma "Vorwerk" schicken. Das ist eine gute Reklame für die Firma Und nun bin ich jetzt das zweite Mal in diesem Jahr hier und habe die Unterlagen mitgebracht. An der Rechnung sehen sie das Datum 16. 2. 39 wie alt der Staubsauger heute ist. Ohne jegliche Reparatur benutze ich ihn heute noch, insgesamt 45 Jahr meinen kleinen handlichen Kobold, den ich nicht vermissen möchte. Ich würde mich freuen von Ihnen zu hören.

Mit freundlichen Grüßen
Gerda Fiedler.

6500 Gera
Erfurtstr. 4
DDR

VORWERK & CO.

BARMER TEPPICH=FABRIK BARMER MÖBELSTOFF=FABRIK WOLLGARN=SPINNEREI
Telegr.=Adr.: Teppichfabrik   Telegr.=Adr.: Teppichfabrik   Telegr.=Adr.: Vorwerk Spinne

MASCHINEN=FABRIK
Telegr.=Adr.: Vorwerk Maschinenfabrik

A. B. C. Code 6 th Edition

T.

Frau *A.* Wunderlich

Leipzig   N 21.

Magdalenenstr. 26.

Postscheck=Konto   Fernsprecher
Köln Nr. 3709   Sammelnummer 51801
Reichsbank=Giro=Konto

MASCHINEN=FABRIK
ABT. VORWERK=KOBOLD

WUPPERTAL=BARMEN, ... 7. 3. 40
Schließfach

RECHNUNG

13329 dch. Barthel

Verkaufsstelle
Leipzig C 1, Plauensche Str. 13
Telefon 26348

Erfüllungsort für Lieferung und Zahlung: Wuppertal=Barmen.
Zahlungsbedingungen: Anzahlung bei Erhalt der Ware — Rest lt. endstehender Aufstellung.

Wir senden Ihnen frei Haus   an Frau Bräunig, Leipzig N 21 Magdalenenstr.
26

durch unsere Verkaufsstelle: Leipzig

1 Universal-Haushalt-Gerät „Vorwerk-Kobold" Mod. S für ....220.. Volt= mit Zubehör gem. Ihrer Bestellung vom 6. 3. 40	RM	81.--
./.Anzahlung dch.N.N.	"	27.--
	RM	54.--

Zahlbar RM 27.-- nach 30 Tagen *10/4 40 bez*   27.
   "   " 27.-- nach 60 Tagen rein netto Kasse.   27.
                                    6/5 bez.   27.

Versand=Nr. ....15203....   Verkaufsstelle........Leipzig....
Bei allen Korrespondenzen und Zahlungen bitte angeben.

Wir bitten Sie, die Zahlungen nur auf unser Postscheckkonto Köln Nr. 3709 vorzunehmen. Zahlkarten
fügen wir bei.

Zahlungen an Vertreter haben keine Gültigkeit.

Der Apparat bleibt bis zur endgültigen Bezahlung unser Eigentum.

Nur für Umsatzsteuerzwecke: In dem Rechnungsbetrag sind RM:
für Fracht= und Portokosten enthalten.

VM 28. Okt. 1988

Frau M. Wunderlich
Magdalenenstr. 26

Leipzig 7o21

24. OKT. 1988 TAVP/FP

Firma
Vorwerk & Co.,
Maschinenfabrik
Abt. Vorwerk Kobold

Wuppertal-Barmen

Leipzig, am 19.1o.88

Wundern Sie sich nicht über beifolgende Rechnung. Beim Aufräumen alter Sachen fand ich diese Rechnung.!
Ich möchte Ihnen nur mitteilen, dass mir der kleine Kerl heute noch Freude bereitet, wenn auch nicht mehr so, der heutigen Technik entsprechend. Jedenfalls ist er sehr handlich und leicht beweglich, was im Alter seinen Vorteil hat die ganze Last des Staubsaugers kann man vor sich herschieben .
Die Rechnung zeigt mir auch, wie klein damals unsere Gehälter waren und wie sparsam wir sein mußten! Heute könnte ich gleich bezahlen !

Jedenfalls danke ich den damaligen Technikern & Erfindern heute noch für diese Idee !

Mit frdl. Grüßen !

Frau M. Wunderlich

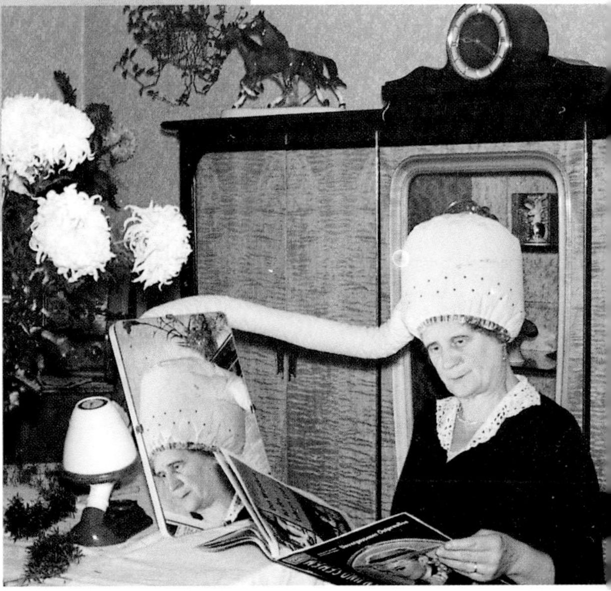

Kann eine Kundin besser ihre Freude am Kobold zum Ausdruck bringen, als durch Übersendung dieses Bildes? (1960)

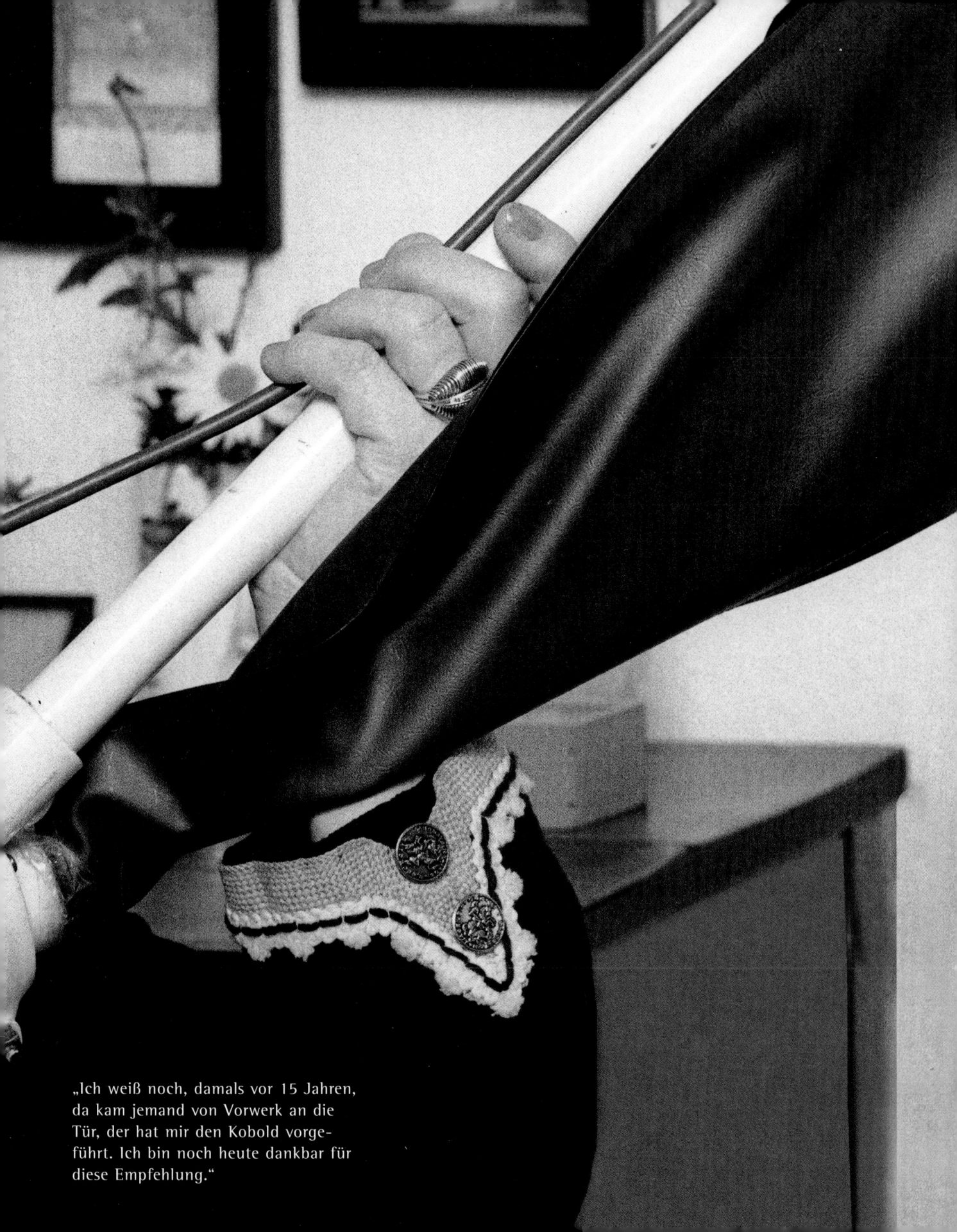

„Ich weiß noch, damals vor 15 Jahren, da kam jemand von Vorwerk an die Tür, der hat mir den Kobold vorgeführt. Ich bin noch heute dankbar für diese Empfehlung."

Ein ideales Zusatzgerät zur Teppich-
pflege ist die elektrische Teppichbürste.
„Die Teppichbürste stecken Sie
schiebend und drehend auf den Ansaugstutzen des Staubsaugers. Damit
ist eine haltbare Verbindung
hergestellt."   (Prospekt, 1961)

„Bei der Säuberung des Teppichs
führen Sie das Gerät Bahn für Bahn
langsam vorwärts und rückwärts. ...
Bei einfarbigen Teppichen, deren Flor
zu Streifenbildung neigt, wählen Sie
die Bewegungsrichtung, in der das
günstigste Aussehen des Teppichs erreicht wird."   (Prospekt, 1961)

„Während Ihr Haar unter der Trockenhaube schnell und auf angenehme
Weise trocknet, haben Sie beide Hände
frei für andere Dinge." (Prospekt, 1957)

„Selbst vielbenutzte Treppenläufer
(wie z.B. in einem Hotel) zu reinigen -
mit Kobold und ET 1 kein Problem!"
(Kobold-Nachrichten, 1960)

„Wo immer in Haus und Hof, in Küche
und Keller, im Stall und im Garten sich
Schädlinge ausbreiten wollen, sorgt
der Vorwerk-Kobold-Zerstäuber dafür,
daß sie vernichtet werden, bevor sie
Schaden anrichten können. Besonders
lästige Plagegeister von Mensch und
Tier sind bekanntlich die Stuben-, Stall-
und Schmeißfliegen. Sie verderben
Lebensmittel und übertragen Krankheiten. Sie quälen unsere Haustiere,
schmälern deren Wohlbefinden und
verringern dadurch deren Leistungen.
Es ist deshalb im Interesse der Gesundheit und zur Sicherung der wirtschaftlichen Erträge notwendig, diese
keineswegs harmlosen Mitbewohner
in Haus und Stall regelmäßig und gründlich zu bekämpfen."

(Prospekt, 50er Jahre)

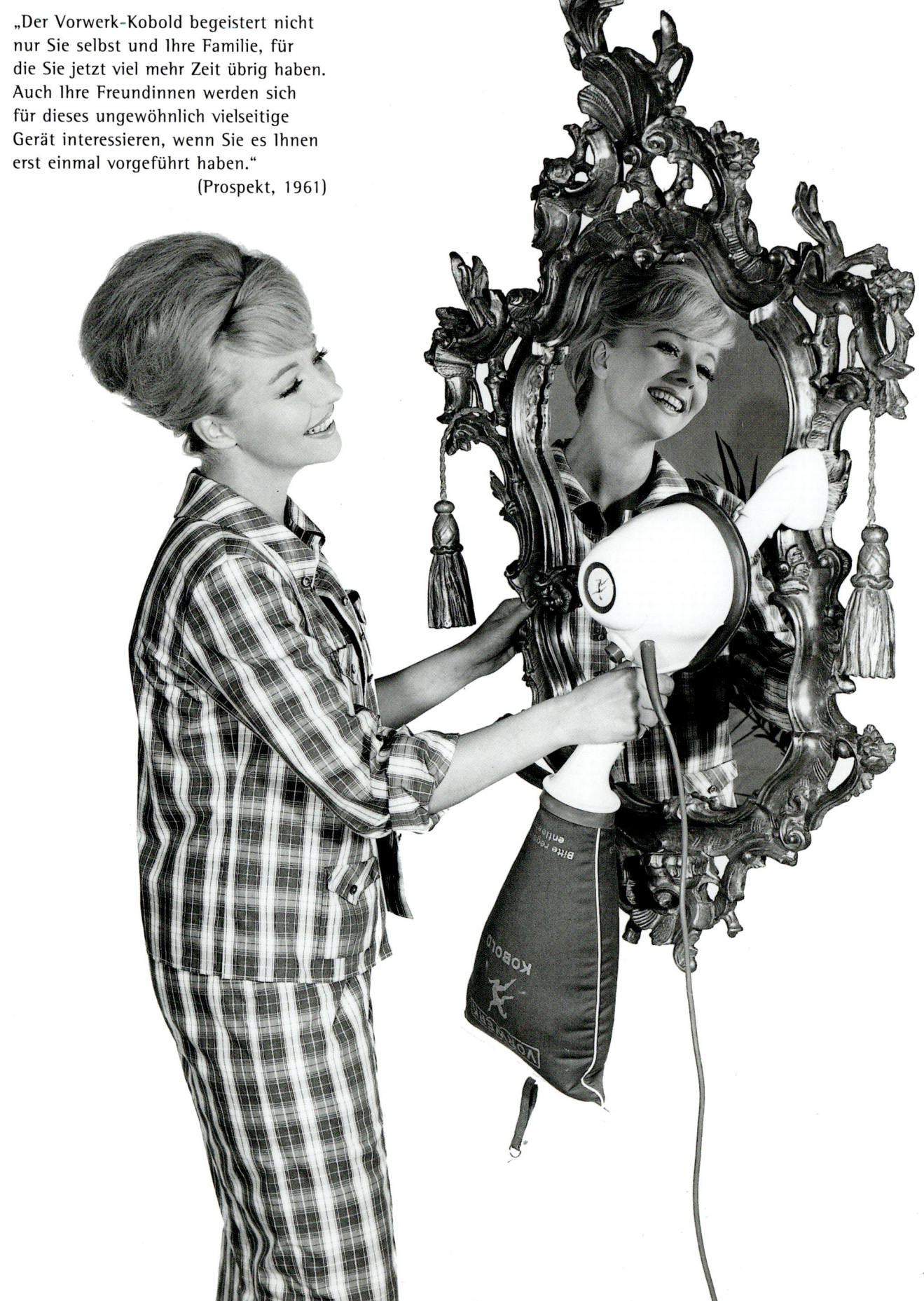

„Der Vorwerk-Kobold begeistert nicht nur Sie selbst und Ihre Familie, für die Sie jetzt viel mehr Zeit übrig haben. Auch Ihre Freundinnen werden sich für dieses ungewöhnlich vielseitige Gerät interessieren, wenn Sie es Ihnen erst einmal vorgeführt haben."

(Prospekt, 1961)

Das Anfang der 50er Jahre auf dem Markt eingeführte Vorwerk-Viehputzgerät verwandelte die mühevolle Arbeit des Viehputzens in eine angenehme Tätigkeit. Es beförderte die bazillenbehafteten Milben in einen Staubbeutel, wo sie durch antiseptische Mittel vernichtet wurden. Zu dem neuen Gerät gehörten drei Werkzeuge: der Kammstriegel, der Stiftstriegel und die Bürste, die wahlweise nacheinander an den Saugschlauch angeschlossen werden konnten.

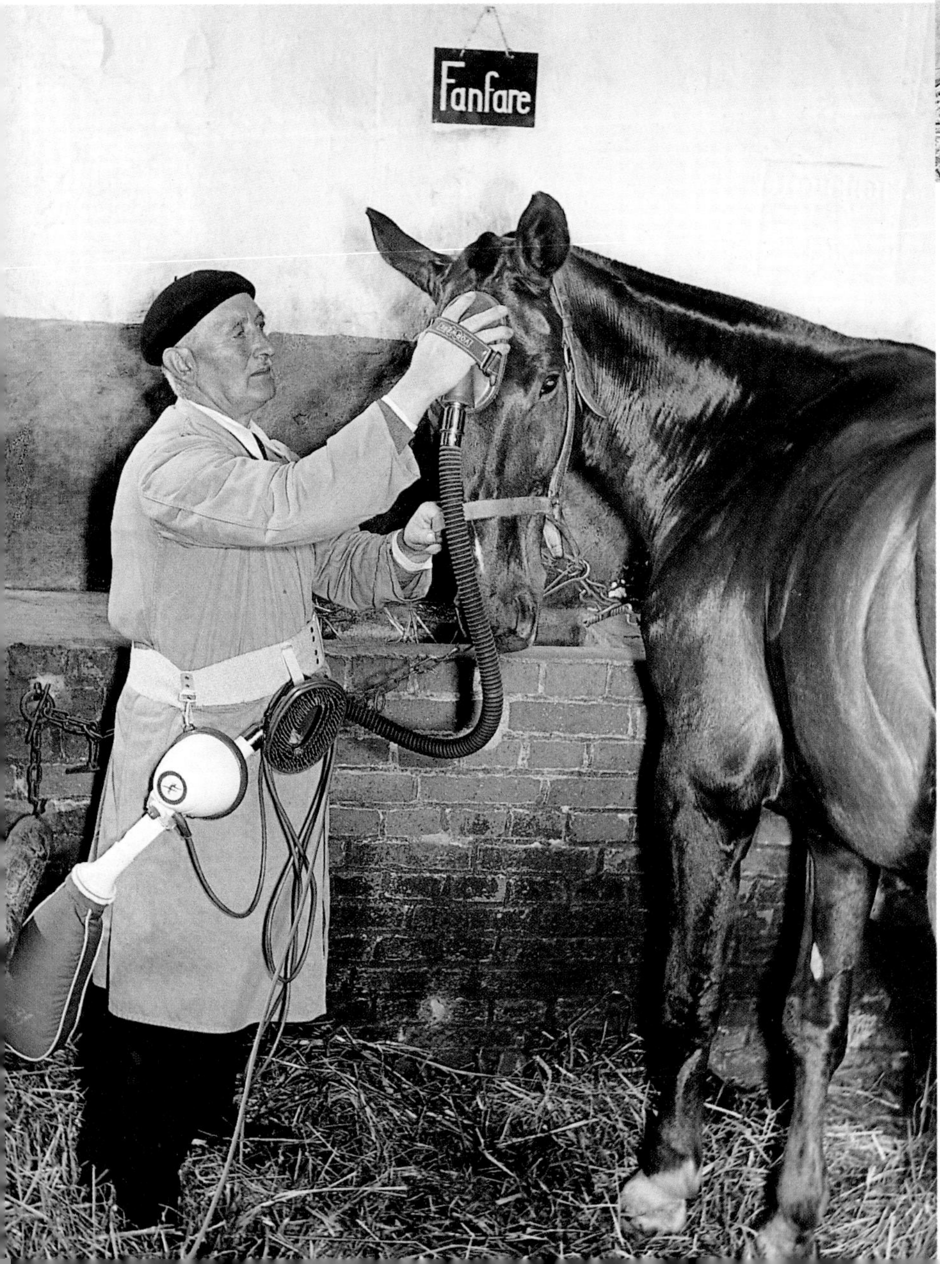

„Ehe man mit dem Reinigen des Tieres beginnt, soll man das Tier an das Motorgeräusch gewöhnen. Das Fell wird dann gegen den Schmutz bearbeitet, damit der Schmutz ordentlich gelockert wird. Ist der Schmutz auf diese Weise entfernt, so streicht man das Fell mit dem Strich wieder glatt. Nasse Stellen können erst nach dem Trocknen gesäubert werden. Es empfiehlt sich, etwas Mottalin in den Staubbeutel zu tun, damit etwa vorhandenes Ungeziefer vernichtet wird."
 (Anleitung für Viehbürste, 30er Jahre)

Gertrud und Willi Jockner gewannen
1964 bei der Quiz-Sendung
„Einer wird gewinnen!" DM 5.000,-
und schafften sich einen komplett
neuen Hausrat an, bei dem der Kobold
nicht fehlen durfte.

Ein Wunsch geht
in Erfüllung -
Weihnachten 1950 ...

JEDEM SEIN EIGENER KOBOLD

Während die Bevölkerung seit dem letzten Jahrhundert ständig wuchs, nahm die Anzahl der Personen pro Haushalt immer mehr ab. Heute leben, zumindest in den Großstädten, die meisten Menschen in ihrer Wohnung allein oder zu zweit.

Jahrhundertelang galt als selbstverständlich: Reinigen, Haus und Garten, Kinder - all das ist Frauensache. Eine saubere Frau war auch eine tüchtige Frau. Je mehr Zeit und Energie aber eine Hausfrau für das Putzen aufwendet, desto weniger Möglichkeiten hat sie, sich mit außerhäuslichen Dingen zu beschäftigen. Die Ära der Hausfrau im klassischen Sinne geht zu Ende. Die althergebrachten Rollenklischees stimmen nicht mehr. Immer mehr Männer übernehmen - freiwillig oder notgedrungen - eine tragende Rolle im Haushalt. Der (post-)moderne Mensch bewegt sich locker zwischen High-Tech und Biodynamik, zwischen Fast-Food und Feinkost, elektronischem Herd und Gartengrill.

Mehr Haushalte bedeuten mehr und auch neue Kundschaft. Eine fast unglaubwürdige Tatsache: 28 Millionen Kobolde wurden bisher verkauft. Ein-Stück-weise. Direkt an Haushalte.

Und längst ist dieser Staubsauger nicht mehr nur ein nützliches Haushaltsgerät. Er wurde zum Kultobjekt, das auch von bekannten Persönlichkeiten „entdeckt" und genutzt wurde. Er gehörte zur Familie, verhalf zu Ruhm und Ehre, und wurde in bekannten Werken genutzt. Er ist stiller Freund und Helfer.

Der Vorwerk-Kobold wurde vor allem in Verbindung mit den 50er Jahren wie viele andere Produkte zu einem Mythos. Um dorthin zu gelangen, ist ein Objekt angewiesen auf die, die seiner bedürfen und dadurch auch mitformen. Die Vielfältigkeit des Gerätes in seiner Anwendung ist den meisten Menschen im Gedächtnis geblieben. Vor allem heutige Erwachsene, die mit dem Kobold aufgewachsen sind, schwärmen noch heute von den vielen Möglichkeiten. Hinzu kommen Erinnerungen an den Besuch des Staubsaugervertreters, der erst Dreck auf Mutters Teppich verteilte, um ihn dann gründlichst zu reinigen. Die Erinnerung an die eigene Kindheit; Bilder dieser Zeit werden wachgerufen, in Assoziation gesetzt durch einen Namen, den es schon damals als Markenbegriff gab.

Durch die Verknüpfung dieser beiden Erinnerungen wurde der Kobold bereits sehr früh zu einem Kultobjekt.

„Die Mutti ist mit der Trockenhaube sehr zufrieden. Offensichtlich hat ihr Sprößling haargenau abgeguckt, wie sie damit umgeht." (Kobold-Nachrichten, 1959)

Der Kobold 1973 im Haushalt von Victor von Bülow alias Loriot.

Liebe Firma Vorwerk.

Wir haben Ihren Kobold Staubsauger mit Freude erhalten. Mutti ist sehr froh, weil ich ihr alle Arbeit abnehme, denn ich staube alle Sachen mit dem Staubsauger ab. Gestern abend habe ich meine Haare gewaschen und dann habe ich sie mit der Heissluftdusche getrocknet. Es ging viel schneller als sonst. Das Gerät ist bestimmt sehr gut. Schreiben sie bitte mal wieder. Ich bin zehn Jahre alt.

Einen lieben Gruß

Gerdfried Breitbach.

„Nach der Kopfwäsche unter die Trockenhaube! Wer einmal mit noch feuchtem Haar
sich in der Zugluft einen Schnupfen geholt
hat, wird die Vorzüge der Trockenhaube
besonders schätzen. Deshalb sollten Sie auch
Ihren Kindern gleich nach der Kopfwäsche
die Trockenhaube aufsetzen: Sie schützen damit die Gesundheit Ihrer Lieblinge, und
außerdem macht es den Kleinen jedesmal
einen großen Spaß."   (Prospekt, 1958)

147

Damit er seine Wahlgegner aufsaugen konnte, schenkte Vorwerk Bundeskanzler Konrad Adenauer auf einer Wahlkundgebung in Wuppertal 1957 einen Kobold. Humorvoll schwenkte Adenauer den Staubsauger wie eine Fahne über den Köpfen der Besucher.

Das 50millionste Elektrogerät aus der Fertigung der Vorwerk Elektrowerke, ein Staubsauger der Marke Kobold, lief 1989 im Beisein des nordrhein-westfälischen Ministerpräsidenten Johannes Rau in Wuppertal vom Band.

His master's voice!

Oder der Versuch eines Hundes,
sein Reich gegen das neue Familien-
mitglied, den mittels Heißluftdusche warme Luft verbreitenden
Kobold, zu verteidigen.

Impressionen eines italienischen Fotografen...

... harmonische Stunden mit dem Kobold

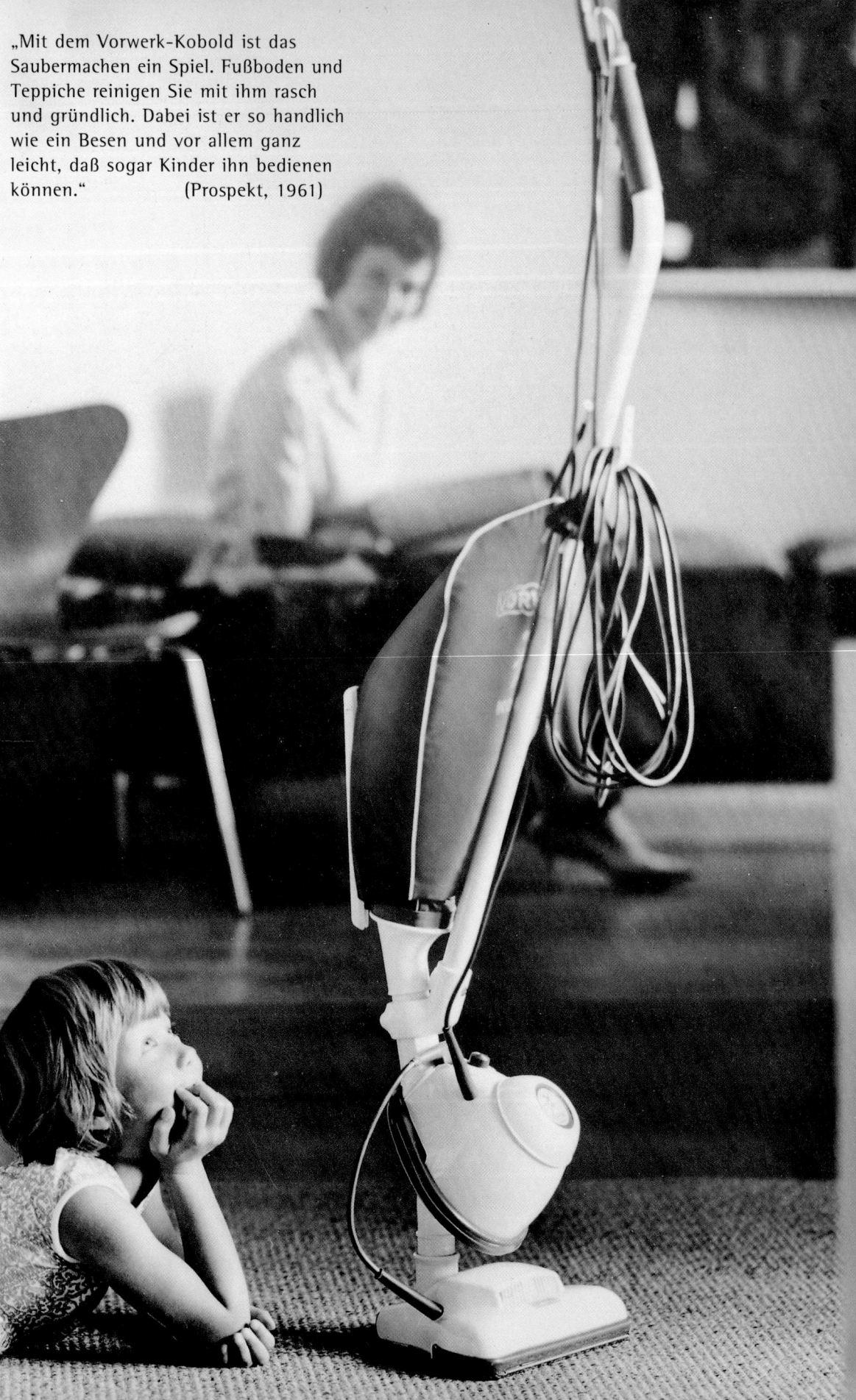

„Mit dem Vorwerk-Kobold ist das Saubermachen ein Spiel. Fußboden und Teppiche reinigen Sie mit ihm rasch und gründlich. Dabei ist er so handlich wie ein Besen und vor allem ganz leicht, daß sogar Kinder ihn bedienen können." (Prospekt, 1961)

Der neue Kobold 130, im Februar 1997
bundesweit in den Markt eingeführt,
kann - wie auch schon seine Vorgänger
- ohne Beiwerk als Kunstobjekt in
den Raum gestellt werden. Und erst-
malig erhalten die kleinen Bewunderer
dieses einmaligen Haushaltsgerätes
ihren eigenen Kobold.

Weiterführende Literatur

Enzyklopädie des Märchens.
Handwörterbuch zur historischen und
vergleichenden Erzählforschung,
Hg. Rolf Wilhelm Brednich, Bd 7, Berlin,
New York 1993

Glauser, Christoph: Die Geschichte des
Staubsaugers. Technik-, Wirtschafts-
und Sozialgeschichte eines der selbst-
verständlichsten Haushaltsgeräte, Diss.
Bern 1994

Horx, Matthias/ Wippermann, Peter:
Markenkult: Wie Waren zu Ikonen werden. Düsseldorf 1995

Wolf, Brigitte: Vom Kampf gegen den
Staub. In: Oikos: Von der Feuerstelle
zur Mikrowelle. Haushalt und Wohnen
im Wandel, Gießen 1992, S. 410-423

Fotonachweis

Weitere Abbildungsdaten

Umschlagabbildungen Titel (1957); S. 10,11 (1991); S. 16 Werbeprospekt für Modell 33, 30er Jahre; S. 24/25 ausgewählte Zubehörteile für die ältesten Kobold-Modelle; S. 38, 39 Prospekt für Modell 34, 30er Jahre; S. 45 Werbeblatt, 30er Jahre; S. 46 Werbeanzeige in Zeitschriften, 1969; S. 52 u. 1960; S. 53 Werbeblatt, 30er Jahre; S. 54 1952; S. 55 60er Jahre; S. 56, 57 (Anfang 50er Jahre); S. 60, 61 60er Jahre; S. 64 o. Faltblatt, Anfang 30er Jahre; S. 66 1952; S. 67 o. l. (1970); S. 68 (1952); S. 70 o., 71 u. (1961); S. 70 u., 71 u. (1957); S. 72, 73 (1952); S. 76 m. Ausstellung „Die Frau" in Goslar, Anfang 50er Jahre; S. 79 Werbeblatt, 30er Jahre; S. 80 1959; S. 82, 83 1959; S. 92 l. (1980); S. 92, 93 (1958); S. 94, 95, 97 (1952); S. 98 (1970); S. 106/107, 108, 109 Prospekt Norwegen (1954); S. 110 50er Jahre; S. 111 r. 1952; S. 112 1993; S. 112/113 1960; S. 114 o., 115 1960; S. 122 Titel- und Rückseite Prospekt Modell S, 1938; S. 123 o. 1961; S. 123 l. 1989; S. 124, 125 (1991); S. 126 (1963); S. 128 (1991); S. 129 r. (1991); S. 132 1960; S. 133 1952; S. 138 u. (1961); S. 139 o. 1960; S. 139 u. (1961); S. 142 50er Jahre; S. 143 o. 1950; S. 143 u. 1964; S. 147 Kundenfoto o. J.; S. 150 Kundenfoto, 1950; S. 150/151 1996; S. 152 o. 1997; S. 152 u. 90er Jahre; S. 153, 154, 155 (1991); S. 156 60er Jahre; S. 157 1997

Vorwerk-Handstaubsauger

produziert von ... bis ...

Modell 30	November 1930
	Juni 1934
Modell 32	April 1932
	September 1935
Modell 33	September 1932
	September 1934
Modell 34	November 1933
	Januar 1940
Modell T	Juni 1935
	Januar 1940
Modell S	April 1938
	Juni 1940
Modell S	August 1945
	Dezember 1952
Modell 52	April 1952
	März 1953
Modell 53	Dezember 1952
	Februar 1955
Modell 111	Dezember 1954
	Juni 1958
Modell 112	Oktober 1957
	Februar 1959
Modell 114	Juni 1958
	Juni 1961
Modell 115	Februar 1961
	August 1966
Modell 116	Januar 1966
	Februar 1976
Modell 117	September 1972
	Dezember 1989
VK 118	März 1977
	März 1980
VK 119	Januar 1980
	Juli 1983
VK 120	Januar 1983
	März 1990
VK 121	September 1988
	Dezember 1989
VK 122	seit Oktober 1994
VK 130	seit August 1996

Impressum

Beate Battenfeld

Kultstaubsauger Kobold
Der mit der Trockenhaube

Trescher Verlag GmbH
Reinhardtstraße 9
10117 Berlin
Copyright Trescher Verlag

1. Auflage 1998
Gestaltung: Hermann Michels, Wuppertal
Litho: Thiele & Keller, Wuppertal
Druck: Druck- und Verlagshaus Erfurt
ISBN 3-928409-74-3
Gedruckt auf chlorfrei gebleichtem
Papier.